Amor propio, Familia, Salud, Gratitud y Bondad.

SIGUE ADELANTE,

Continúa Creciendo

Diario de bienestar con un seguimiento de 70 días para ayudarle a continuar creciendo hasta convertirse en la mejor versión de usted mismo

PATTY BARAJAS GODINEZ

Impreso en los Estados Unidos de América

Publicado en Hellertown, PA

Diseño de portada por Leanne Coppola

Foto de la autora y fotos en la página 9 por Julie Whitaker.

Biblioteca del Congreso

ISBN 978-1-958711-24-8

2 4 6 8 10 9 7 5 3

Para obtener más información o realizar pedidos al por mayor, comuníquese con el autor o el editor en Jennifer@BrightCommunications.net

BrightCommunications.net

A cualquiera que alguna vez haya dicho "Comenzaré el Lunes."
Hoy es un buen día para luchar por ser mejor y dentro de
70 días estarás agradecido de haber comenzado hoy.

TABLA DE CONTENIDO

INTRODUCCIÓN

Todos sabemos que el cuidado personal es algo que debemos hacer, pero siempre es lo primero que descuidamos. La vida es extremadamente ocupada y, a menudo, luchamos por encontrar tiempo. A lo largo de los años, he implementado nuevos hábitos para llegar a donde estoy y hacia dónde me dirijo. Descubrí que entre más hábitos positivos trabajé, más tiempo extra encontré. Todos estos cambios han sido el pegamento que me ha mantenido unida y me han permitido crecer a pesar de los días difíciles. Quería sentirme feliz, saludable, valiente y realizada, todo mientras daba más de lo que tomaba. También quería que mis tres hijos estuvieran en movimiento, comieran más sano y fueran amables, generosos humanos. No puedo pedirle a alguien que haga algo que no estoy dispuesta a hacer yo misma, modelar el comportamiento fue lo mejor que pude haber hecho.

No pretendo saber los secretos de la vida, pero sí sé que cuando cambias de mentalidad e incorporas buenos hábitos, cambias tu vida. Siempre seré un trabajo en progreso porque siempre hay algo que necesita mejorar. Solo estoy compartiendo lo que funcionó para mí con la esperanza de que le permita convertirse en una prioridad. Comience y termine su día con una nota positiva, al tomarse un tiempo para practicar la gratitud y reflexionar sobre lo que salió bien, lo que salió mal y hacer ajustes a medida que avanza. Todos tenemos 24 horas al día y concentrarnos solo una hora para nosotros realmente marca la diferencia. Es completamente posible cambiar las cosas que queremos cambiar.

Diseñé este diario para que sea un desafío de 70 días porque quiero que se comprometa por completo. En ese tiempo, desarrollará hábitos que permanecerán con usted mucho más después de los 70 días. Quiero ver a otros crecer y mejorar. Mi esperanza es que este diario de bienestar sea un paso más cerca para ayudar a convertirse en quien quiere ser. Todo mientras construye una rutina sostenible que no lo quita a aquellos que lo necesitan. De hecho, si implementa algunos de estos cambios en su vida, dejará de ponerse en un segundo plano y, casi como por arte de magia, tendrá más para dar a quienes lo rodean.

Es un hecho que la mariposa pasa por una transformación extrema para convertirse en su verdadero ser. El proceso es difícil, toma tiempo y consume mucha energía, pero es parte del viaje de la mariposa para convertirse en algo hermoso. Si no hubiera decidido luchar por su vida y alcanzar su máximo potencial, nunca sabría que fue creada para volar.

PILAR DE CRECIMIENTO #1

Mentalidad

En mi casa estamos constantemente hablando de llenar nuestros vasos. Mi hija menor es una persona muy visual. Así le expliqué la importancia de mantener su vaso lleno.

- El cántaro lleno de agua representa toda la bondad del mundo: Amor, confianza, positividad, felicidad, apoyo y todo lo bueno que tenemos para dar.
- El cuenco grande representa a su familia: Su esposo, esposa, hijos, padres, hermanos, primos, amigos, compañeros de trabajo y todos aquellos que le rodean.
- El vaso, bueno, usted es el vaso.

¿Qué sucede cuando llena su vaso con toda esa bondad? llena su vaso de agua y como es madre/padre, esposa/esposo, hija/hijo, hermana/hermano, amigo y empleado, poco a poco comienzas a regalar toda esa bondad. La regala hasta que su vaso está vacío.

Seguro, va a tener días en los que vuelva a llenarse. Va a dedicar tiempo al cuidado de sí mismo, construirá más amor, confianza y positividad y su vaso se va a llenar de nuevo, pero como es un dador, va a darlo todo. Un poco más aquí, un poco más allá y, finalmente, su vaso volverá a estar vacío.

Algunos días su vaso puede incluso volcarse y romperse. Todos tenemos nuestro punto de ruptura. Yo tuve el mío en 2017, cuando todo parecía ir mal y me di cuenta de que tenía que hacer un cambio. Entonces, comencé a darme un poco de amor. Empecé a hacer ejercicio, a leer, a comer mejor, a hidratarme, a dormir, a dedicar tiempo intencionalmente a mi familia, a desarrollar fortaleza mental y a mantenerme constante. Trabajé en mí todas las mañanas sin fallar y porque hice eso, mi vaso estaba lleno. No solo mi vaso estaba lleno, sino que se estaba derramando en el cuenco y todas las personas que me rodeaban también estaban beneficiándose de toda esa bondad. Tenía mucho más para dar porque finalmente me estaba cuidando.

Como padres, a veces sentimos que es egoísta hacer algo por nosotros mismos. Muchas veces sentimos que les estamos quitando a nuestros hijos. Me tomó la mayor parte de mi vida para finalmente darme cuenta de que cuanto más tengo, más puedo dar. Nuestros hijos no necesitan padres perfectos, necesitan padres felices. Necesitan ver que nosotros también importamos. Si ven eso, cuando crezcan y se sientan estancados, podrán recordar y regresar hacer lo que vieron que funcionó para nosotros. Cuidarnos nos da más energía para correr con ellos, nos da más paciencia, les enseña cómo alimentar sus cuerpos con alimentos saludables y les sirve de modelo para que aprendan la importancia del cuidado personal. No puedes dar lo que no tienes. ¡Trabajamos en llenar nuestros vasos!

PILAR DE CRECIMIENTO #2
Hábitos

Los hábitos son comportamientos que realizamos automáticamente, como prender la luz cada vez que entramos en una habitación o cepillarnos los dientes todas las mañanas. Es una rutina que superamos sin tener que pensar mucho en ella.

Estoy bastante segura de que fue una lucha cuando le presentaron por primera vez las "orejas de conejo" para aprender a amarrarse los zapatos. Sin embargo, después de practicar la habilidad durante algún tiempo, se convirtió en una segunda naturaleza. Ahora nos amarramos los zapatos todos los días sin ningún esfuerzo. Para construir nuevos hábitos y hacerlos parte de lo que somos, tenemos que seguir repitiendo el comportamiento.

Puede ser difícil comenzar con algo cuando no tienes dirección. Todos somos diferentes y todos requerimos diferentes sistemas de apoyo. Comienza implementando pequeños hábitos que pueda desarrollar con el tiempo. Estos son seis hábitos en los que trabajé constantemente y que cambiaron mi vida:

- Movimiento: Empecé a hacer ejercicio 30 minutos al día. Cambié, usé mi peso corporal y tomé descansos cuando los necesitaba. Fue difícil, pero seguí adelante hasta que terminé lo que dije que haría. Cuando tuve más fuerza, equilibrio y flexibilidad comencé a tener más fe en mí y poco a poco fui incorporando pesas. Eso me inspiró a hacer entrenamientos más desafiantes y aumentar mi tiempo de entrenamiento. Fue un gran cambio a estar pegada a mi sofá, pero sabía que cada pequeño paso me estaba ayudando a convertirme en el tipo de persona que quería ser.

- Nutrición: Empecé a observar cómo me hacían sentir ciertos alimentos. Llené mi plato con más verduras, proteínas, frutas, carbohidratos y grasas más saludables. Reduje las bebidas azucaradas y la comida rápida. El control de porciones se convirtió en mi nueva normalidad. No se trataba de renunciar a ningún grupo de alimentos, se trataba de aprender a alimentar mi cuerpo con la nutrición adecuada; eso me mantuvo satisfecha y me dio más energía. Soy amante de todo lo que sea chocolate y todavía disfruto mis delicias con moderación.

- <u>Hidratación:</u> Empecé a beber la mitad de mi peso en onzas de agua al día. Llevaba mi botella conmigo en todo momento, convirtiéndola en un recordatorio visible para seguir bebiendo. A veces pensamos que tenemos hambre cuando en realidad solo tenemos sed. Mi estado de ánimo mejoró, estaba más concentrada, alerta, mi rostro se aclaró, mi digestión mejoró y estaba eliminando todas las toxinas de mi cuerpo. Hacer esto también me impidió pensar que tenía hambre todo el día.

- <u>Dormir:</u> Era un ave nocturna y luché contra el insomnio durante más de una década. No dormir provoca agotamiento, niebla mental, olvido de cosas y comer en exceso. Programé mi ejercicio a las 4:00 de la mañana, lo cual me provoca agotamiento en cuanto se ocultaba el sol. Dejé de usar todos los aparatos electrónicos una hora antes de acostarme. Durante el día, tomaba el sol en busca de más melatonina y comenzaba a relajarme al menos una hora antes de acostarme. Un cuerpo descansado proporciona una mejor calidad de vida, un mejor rendimiento y ayuda a sanar su cuerpo después del esfuerzo físico y mental.

- <u>Gratitud:</u> Empecé a escribir tres cosas por las que estoy agradecida. Al final de mi día me siento en completo silencio y escribo todo sobre las tres cosas que sucedieron durante el día; me concentro en las cosas buenas y convierto los fracasos en lecciones. Hacer este pequeño hábito de manera constante a lo largo del tiempo me ha convertido en una persona más positiva. Seguido me encuentro buscando cosas positivas en mi día. ¿Sabes lo que pasa cuando buscas?, ¡lo encuentras!. Siempre hay algo por lo cual estar agradecido.

- <u>Desarrollo personal:</u> Mejoré mi mentalidad y me convertí en el tipo de persona que comienza el día con una nota positiva. Todas las mañanas leo 10 páginas de un libro de autoayuda. Tomo notas y marco pasajes que son de mi interés. Leer y sumergirme en libros que podrían ayudarme a convertirme en una mejor versión de mí, me cambió la vida. También es agradable volver a mis notas y puntos destacados cuando tengo dificultades; cada vez que vuelvo, encuentro algo que me perdí la primera vez. Ese simple hábito diario me ha hecho más resistente y abierta a nuevas oportunidades.

No digo que ese cambio fue fácil. Luché, la mayoría de las veces, pero seguí adelante. Tenía todas las excusas para no hacer lo que dije que haría. Al final, mi PORQUE era mucho más grande que cualquier excusa que tuviera, y tenía muchas de ellas.

PILAR DE CRECIMIENTO #3

Su Por Qué

Nuestro POR QUÉ es la fuerza detrás de lo que hacemos. Comprender por qué hacemos lo que estamos haciendo es un factor importante para tener una oportunidad de éxito, saber por qué estamos haciendo el trabajo duro nos empujará más allá de nuestras capacidades. Lo que hacemos le importa a alguien y olvidar eso puede hacernos sentir sin inspiración y desanimados fácilmente. Nunca subestime lo que se puede lograr escribiendo las cosas; sus pensamientos, sueños, visiones y metas, todo tiene la capacidad de convertirse en su realidad. Escriba su POR QUÉ en un lugar visible para recordar que debe seguir esforzándose, especialmente en los días difíciles.

Mi familia es mi PORQUÉ, mis pilares y las luces de mi mundo. Ellos son la razón por la que finalmente he decidido empezar a cuidarme, por mi felicidad y la de ellos. Dedicarme tiempo a mí, me ha convertido en una mejor esposa, madre, hija y persona en general. Ahora mi objetivo es ser la mejor y más genuina versión de mí; no solo por fuera, sino por dentro, donde más cuenta. Después de todo, ¿cómo puedo criar niños felices si no puedo mostrarles lo que significa ser feliz? Todos necesitamos un PORQUÉ para motivarnos e inspirarnos.

¿Cuál es su POR QUÉ?

_____

_____

_____

_____

_____

_____

"La felicidad viene de lo que hacemos. El cumplimiento viene del POR QUÉ lo hacemos"
-Simón Sinek

PILAR DE CRECIMIENTO #4

Amor propio

Creer en la capacidad para controlar mi propia vida ha aumentado mi confianza y autoestima. Me ha ayudado a probar cosas nuevas y tener confianza en mis propias habilidades; la constancia es lo que hizo toda la diferencia, pasé de siempre renunciar a mí misma a demostrar todos los días que yo también importo. He tenido que esforzarme mucho para aprender a amarme, no se trata de pararse frente al espejo y decir que soy hermosa. Se trata más de aceptación, comprensión e implementación de hábitos que me dan valor, confianza y fortaleza. El cuidado personal no es egoísta.

Programe tiempo para concentrarse en sus necesidades; esto incluye cualquier cosa que haga para estar saludable, física, mental, emocional y espiritualmente. Practicar el cuidado personal ayuda a eliminar el estrés, la depresión, la ansiedad y el agotamiento. Entre más tiempo dedique a cargar sus propias baterías, más energía positiva tendrá para quienes le rodean.

"No eres lo suficientemente inteligente, no eres lo suficientemente fuerte, no eres capaz" No le diría esas palabras a sus hijos ni a nadie a quien ama. ¡¿Por qué decírselo a sí mismo?! Somos nuestros mayores críticos. Cuando tenemos estos pensamientos negativos por mucho tiempo, empezamos a creerlos. La duda es algo que puede hacer que dejemos de intentarlo por completo.

Sea amable contigo mismo y amese tanto como ama a los que le rodean. Cuando sus amigos tienen días malos, hace todo lo posible para mejorarlos. Sea un amigo para usted mismo. Celebre sus fortalezas, concéntrese en sus cualidades positivas y perdónese a usted mismo. Todos sabemos en qué somos buenos y también en qué debemos trabajar. Deje los comentarios negativos y celebre las cosas buenas.

- Cuide su mente, cuerpo y alma
- Rodéese de personas positivas
- Enfrente sus miedos
- No se compare con los demás
- Cargue sus baterías

- Regálese algo agradable

- Extienda una mano a alguien que lo necesite

- Exprese siempre lo que siente

- Duerma siempre que sea posible

- Tómese un tiempo para meditar y relajarse

- Haga algo todos los días que le genere alegría

La vida es atareada y a veces tenemos que quitar algunas cosas de nuestra lista de actividades para dejar espacio para lo inesperado. En mi experiencia, eso suele terminar siendo algo que había planeado para mí. Construya la fe en usted mismo al apegarse a sus planes lo mejor que pueda. No deje de hacer lo que dijo que haría. Las cosas que nos decimos a nosotros mismos son poderosas y darán forma a quienes nos convertimos. No llegue al punto en que pierda toda fe en usted mismo. Conviértase en una prioridad.

Olvídese de pensar que tiene que lucir y ser perfecto. La felicidad proviene de la auto aceptación y el reconocimiento de nuestras fortalezas y debilidades. No importa cómo se vea, sino lo que su cuerpo es capaz de hacer. No dé por sentado que puede dar un agradable paseo y disfrutar el sol. Muchas personas no tienen la capacidad de hacer eso sin dolor.

La vida nunca va a ser perfecta, y no tiene que serlo. Tener confianza mejora cómo se siente contigo mismo, le ayuda a comprender y amar mejor a los demás.

PILAR DE CRECIMIENTO #5

Familia y paternidad

Amo a mis hijos más que nada en este mundo, y como todos, tengo mis días de duda. A veces me pregunto si sé lo que estoy haciendo con mis pequeños humanos. Todos tenemos diferentes días como padres. Los días increíbles, mágicos, agitados, inspiradores, abrumadores, de apoyo, sin paciencia, amorosos, gritando, felices, tristes y satisfactorios. Continuaremos apareciendo cuando estemos tristes, cansados y desilusionados.

Todavía no he conocido al padre perfecto. La verdad es, que no tenemos que tener las respuestas todo el tiempo. Sólo tenemos que hacer nuestro mejor esfuerzo. Criar a nuestros hijos para que sean buenas personas y, al final, esperar que les hayamos enseñado lo suficiente para convertirse en adultos responsables, amables y amorosos.

Démonos permiso y gracia para hacer las cosas a nuestra manera, para cometer errores y aprender de ellos. Trabajemos en llenar nuestro vaso para que tengamos más valor para pasar los días venideros. Lo más importante, apoyémonos unos a otros. La vida ya es bastante difícil y realmente creo que todos estamos haciendo lo mejor que podemos, teniendo en cuenta lo que aprendimos de niños. "Si no tienes nada bueno que decir, no digas nada en absoluto". No podemos ver el futuro y no sabemos en quién se convertirán nuestros hijos. No juzgue a otros padres ni se ponga en una posición vulnerable que pueda ser atacada fácilmente algún día. Sé amable, servicial, solidario y esté dispuesto a amar, especialmente cuando vea que otros padres están pasando por una temporada difícil.

Ser padre no significa que tenga que ponerse en segundo plano. ¡Usted importa, su matrimonio importa y sus relaciones también importan! Las citas románticas son muy comunes antes del matrimonio, pero son cruciales durante su matrimonio. Sé que puede ser un desafío salir por la puerta cuando tienes niños pequeños en casa, he estado allí. Requiere niñeras y planificación anticipada; no tiene que ser costoso, puede implicar hacer algo muy económico. Tomen tiempo para ustedes como pareja, lejos de sus hijos y de todas las responsabilidades, arreglense y dejen todas las preocupaciones en casa. Todos necesitamos un descanso de nuestros hijos para platicar, ponerse al día, sentirse más conectados y apoyarnos en esta montaña rusa llamada vida.

Los niños aprenden observando a sus padres. Hay muchas cosas que estoy haciendo mal como mamá, pero nunca dejaré de intentarlo. Mostrarles a mis hijos cuánto amo, valoro y aprecio a mi esposo es la máxima prioridad; un vínculo fuerte entre los padres es el corazón de una familia feliz. Una relación sólida brindará seguridad a sus hijos y les mostrará cómo es una relación amorosa y respetuosa.

Aquí hay algunos cambios que hicimos para fortalecer nuestra relación:

- Hicimos tiempo intencional con nuestra familia. Es una prioridad programar tiempo en nuestra agenda para fechas grupales y uno-a-uno.

- Apagamos los aparatos electrónicos para eliminar las distracciones y tener más tiempo para crear recuerdos, es una recomendación extraordinaria. Hoy en día los celulares quitan mucho tiempo para estar en familia.

- Hicimos tiempo intencional como pareja una prioridad cada mes. Nuestro matrimonio también necesita tiempo para recargarse, es importante comunicarse y construir una relación feliz y pacífica.

- Empezamos a programar una reunión familiar todos los domingos por la noche. Esto nos ayudó a revisar nuestros planes para la semana, abrió la comunicación con nuestros hijos y nos ayudó a conectarnos como familia.

- La cena en la mesa se convirtió en una prioridad para nuestra familia, es el único momento en que estamos todos juntos en un solo lugar. Comenzamos a cocinar juntos, hablando de todo lo que sucedió a lo largo de nuestro día y hemos creado mejores hábitos alimenticios (es más probable que los niños coman verduras cuando comen con toda la familia).

- Mi caminata diaria se convirtió en una "caminata familiar", es increíble la cantidad de conversaciones que puedes tener en una caminata de 45 minutos. Esto fue enorme en gestión del tiempo porque pudimos pasar tiempo intencional como familia mientras hacíamos ejercicio.

- Hace unos años comencé a escribir cartas a mis hijos a fin de mes. En esas cartas les digo cuánto los quiero y lo agradecida que estoy de tenerlos. Hablo de eventos, logros, viajes y recuerdos que hicimos ese mes. Mis niños leen sus cartas, las sellan y las archivan en su baúl. Un día, cuando me haya ido, cada uno tendrá su baúl lleno con cientos de recuerdos, fotos y palabras de su mamá. ¡Diga lo que tenga que decir, no deje nada para mañana!.

"Le enseña a alguien a leer 10 páginas de un libro al día, y es probable que veas cómo cambia, pero es probable que no veas cómo cambian sus hijos, y los amigos de sus hijos y a sus amigos"
— Jeff Olson

PILAR DE CRECIMIENTO #6

Amabilidad

La amabilidad comienza siendo amable consigo mismo y creando el efecto dominó. La compasión y la generosidad viajan en ambas direcciones y la mayoría de las personas lo pagarán haciendo cosas buenas por los demás. La verdad es que todos pueden dar un poco de amabilidad en su mundo. Nunca sabemos lo que alguien podría estar pasando, eso no significa que esperemos hasta que suceda algo malo para hacer los sentir bien. ¡Empieza hoy!.

Justo cuando comencé a enseñarles a mis hijos a compartir sus juguetes, comencé a enseñarles a ser generosos. No les estaba diciendo que los dieran, yo les estaba enseñando el valor de compartir. Yo era un desastre cuidándome, pero una cosa que siempre he hecho es dar generosamente mi tiempo y energía a las personas que amo; es una de las muchas cosas que aprendí al observar a mi mamá. Cada vez que hago algo amable por alguien, me propongo involucrar a mis hijos. Ahora iluminan mi mundo cuando se esfuerzan por hornear, recoger flores, escribir una tarjeta o envolver un regalo para alguien.

- Desarrollar hábitos saludables crea más bondad hacia los demás. Trata mejor a la gente cuando cuida de usted.

- Haga las cosas sin esperar nada a cambio. Todas las mañanas, después de terminar mi entrenamiento, me siento unos minutos y pienso en cómo podría esparcir bondad por el mundo. A veces viene en forma de una sorpresa para alguien que conozco y otros días es un acto de bondad para un completo extraño.

- Sorprender a la gente levanta el alma. Nunca se sabe cuándo a alguien le vendrán bien unas palabras de apoyo y aliento.

- Escriba un correo electrónico o envíe un mensaje de texto a alguien agradeciéndole el impacto que ha tenido en su vida.

Comentarios que le hablan al alma:
- Está haciendo la diferencia.

- Usted me inspira.

- Me encanta lo apasionado que es.

- Usted es valiente.

- Usted hace el mundo un mejor lugar.

- Ilumina una habitación.

- Su energía es contagiosa.

- Admiro su valor.

- Me hace sentir feliz.

- El mundo se sentiría vacío sin usted.

Regalos que no cuestan un centavo:

- Pida disculpas de corazón cuando se equivoque.

- Comparte lo que tiene.

- Haga algo inesperado por alguien.

- Consolar en tiempos difíciles.

- Alentar.

- Prestar atención.

- Ser paciente.

- Ser consistente.

- Ayudar a tomar acción.

- Envíar un dulce mensaje.

Imagínese un mundo en el que todos se despertaran y pensaran en una cosa amable que podrían hacer por otra persona.

"Las personas promedio toman 35,000 decisiones cada día, y cada una de ellas, grande o pequeña, puede moldear nuestra capacidad de ser personas amables, pacientes y comprometidas. El carácter es un hábito"
-Houston Kraft

PILAR DE CRECIMIENTO #7

Gestión del tiempo

Durante años, pensé que era egoísta hacer algo de tiempo para mí. Siempre había algo que necesitaba mi atención y el tiempo siempre se me escapaba. Mi esposo trabajaba 12 horas en turnos de noche, yo trabajaba tiempo completo, mis hijos asistían a escuelas en tres lugares diferentes, participaban en muchos deportes y actividades extracurriculares diferentes.

Cuando todo lo que se hace es dar, no se tiene la oportunidad de cargar sus propias baterías. Si quiere cuidar a los demás, empiece por cuidarse a sí mismo. Es imposible compartir con otros un recurso que a nosotros mismos nos falta.

"No tengo tiempo"
—todos dicen

- Haga una lista detallada por toda una semana de todo lo que hace. Cuando la revise al final de la semana, verá a dónde va la mayor parte de su tiempo. Mi lista incluía demasiado Netflix; no hay nada de malo en eso, pero ahora lo guardo para el final del día cuando haya terminado por completo con mis prioridades. El seguimiento de todo lo que estaba haciendo me ayudó a hacer los ajustes necesarios para tener más tiempo para las cosas que necesitaba. Descubrí mucho tiempo perdido haciendo cosas que no me convenía.

- Aprenda a decir "no" amablemente para poder decir "sí" a las cosas que le van a ayudar a crecer. Está bien decir "no" cuando tiene compromisos previos. Comprometerse en exceso puede ser abrumador, es importante ser honesto acerca de lo que puede manejar.

- Pida ayuda cuando la necesite. Pedir ayuda puede ser difícil porque puede herir nuestro orgullo o hacernos sentir que no somos capaces. En mi experiencia, pedir ayuda ha creado mejores resultados. Pedir ayuda a mi familia en la casa nos dio más tiempo para las cosas que realmente importan. Buscar apoyo me ayudó a obtener una mejor perspectiva y buenos consejos. No tenemos todas las respuestas y, a veces, necesitamos apoyo. Tener el valor de pedir ayuda no es una debilidad. Es una verdadera fortaleza cuando estamos dispuestos a admitir que estamos batallando.

- Haga lo más difícil a primera hora de la mañana, es más probable que lo complete cuando sienta que tiene el tiempo de su lado. A medida que avanza el día, comienzas a encontrar excusas sobre por qué no deberías hacerlo; es exactamente por eso que programo mi entrenamiento y desarrollo personal antes de que salga el sol.

- Escriba todo lo que esté en su cabeza. Liste los alimentos para comprar, diligencias para hacer o cosas que debe hacer para los niños. Esto le ayudará a despejar su mente, organizarse y le dará una sensación de control para ser más productivo con su tiempo.

Su tiempo le pertenece. ¡Usted tiene el control!

SEGUIMIENTO

Depende de nosotros seguir adelante y superar nuestras luchas. Los seguimientos son una buena manera de medir lo que hacemos y nos hacen responsables. Todos queremos sentir que logramos lo que planeamos, marcar y tachar nos ayuda a celebrar esos momentos.

En el seguimiento diario encontrará una puntuación del 1 al 5 para sus hábitos diarios (5 siendo el éxito más alto). Todos somos diferentes, por lo tanto, todos tendrán diferentes objetivos y el éxito será diferente. Establecerá sus propios estándares sobre lo que quiere lograr y marcará en un círculo cómo siente que lo hizo. Sea honesto, no se engañe a sí mismo.

Movimiento: Ya sean dos entrenamientos al día, un entrenamiento de alta intensidad, yoga, estiramiento o una caminata de 30 minutos. Usted decide por dónde quiere empezar y hacer los ajustes cuando se sienta listo para aumentar.

Lea 10 páginas: Elija un buen libro que lo inspire y lo ayude a crecer. Este podría ser un libro sobre crianza, confianza, matrimonio, finanzas, fe, hábitos, salud, mentalidad, nutrición o disciplina. Se volverá imparable y habrá un ambiente de crecimiento.

Hidratar: Beba la mitad de su peso corporal en onzas de agua al día. Si pesa 150 libras, divídalo entre 2 y su meta de agua será de 75 onzas por día. Mantenga su agua a la vista y trate de terminar unas horas antes de acostarse, de lo contrario, estará despierto toda la noche corriendo al baño.

Nutrición: Esto es diferente para todos. Piense en cuáles son sus objetivos cuando se trata de lo que come. Sus objetivos pueden ser controlar las porciones, eliminar la comida rápida, agregar más vegetales a sus comidas, reducir el pan, saltarte los postres, renunciar a los refrescos o comer saludablemente. Somos humanos, y nada es perfecto. Solo haga su mejor esfuerzo para apegarse a su meta.

Dormir: El sueño es esencial, pero las necesidades de sueño de cada persona son diferentes. Algunas personas pueden descansar bien con cinco o seis horas cada noche, mientras que otras necesitan más tiempo. Tómese un par de días para determinar lo que requiere. Si se despierta renovado y listo para comenzar el día, está durmiendo lo suficiente. Si está arrastrando, cansado o malhumorado, lo más probable es que no esté obteniendo el suficiente descanso. Determine cuántas horas de sueño es su meta y trate de acostarse a una hora decente.

Tiempo familiar intencional: Las familias no se fortalecen por casualidad; requiere compromiso, tiempo y esfuerzo. Programe tiempo familiar en su calendario y no importa cuántas citas surjan, mantenga sus momentos familiares primero; esto puede de forma individual o grupal ininterrumpidamente. Algunas ideas son noches de juegos, paseos en bicicleta en familia, caminatas, un viaje a la playa, cocinar juntos o acampar en el patio. Las charlas siempre son agradables al final del día con cada uno de sus hijos; dedique algo de tiempo a compartir y participar.

Actos aleatorios de bondad: Cada día es una oportunidad para ser amable. Use notas adhesivas para dejar palabras de aliento para extraños, ayude a alguien que está pasando por un mal momento, pague el café de alguien, deje una nota dentro de un libro para que alguien la encuentre, detenga la puerta abierta para alguien detrás de usted, sonría a un extraño, ayude a alguien a cargar sus bolsas, pase su asiento, felicite a un extraño o envíe flores a un ser querido. Ser amable puede ser muy útil y mejorar su bienestar emocional, además de reducir los niveles de estrés, aumentar el amor y ayudar a conectarse con las personas. Un pequeño acto de bondad puede convertirse en algo mucho más grande.

REFLEXIÓN

Clasificar sus sentimientos y acciones hará que sea más fácil seguir su progreso. No siempre va a ser bonito, pero ser abierto y honesto le ayudará a ver lo lejos que ha llegado. Escribir en un diario hoy, significa que puede retroceder en 5, 10 o 20 años y ver cuáles eran sus esperanzas, sueños o luchas. Le permite ver una versión pasada de sí mismo y todo el crecimiento que ha experimentado, es tan inspirador volver atrás y ver quién era y dónde ha estado.

Las siguientes preguntas son para ayudarlo a reflexionar y hacer ajustes para el día siguiente. Las cosas no siempre salen según lo planeado, pero estar un paso adelante permite ser consciente, revisar y reflexionar.

- **¿Cuál fue su mayor victoria del día?**

    Tal vez su mayor victoria es que completó su entrenamiento después de posponer toda la mañana, que alcanzó su objetivo de agua, o que hizo todo lo posible para ser amable y eso hizo que su día fuera mucho mejor.

- **¿Qué cambios puede implementar para que mañana sea mejor?**

    Prepare su ropa de entrenamiento en la noche para eliminar las excusas, haga las cosas más difíciles a primera hora de la mañana, planifique con anticipación sus comidas o acuéstese más temprano.

- **Mi acto de bondad al azar:**

    ¿Qué hizo para mejorar el día de alguien? ¿Cómo le hizo sentir? Y comience a pensar en lo que puede hacer mañana para dar un poco de luz a alguien.

- **Mi mayor aprendizaje de la lectura de hoy:**

    Siempre hay un par de oraciones que nos inspiran cuando leemos. ¿Qué le llamó la atención y que le gustaría volver a leer en los días difíciles?.

- **Tres cosas que sucedieron hoy por las que estoy agradecido:**

    Siempre hay algo si lo buscamos. Nuestra familia, agua corriente, un techo para vivir, la capacidad de mover nuestros cuerpos, las personas que amamos, el extraño que nos da una mano, la persona amable en la tienda, los maestros, personal médico, nuestro trabajo y la salud o seguridad de nuestras familias.

Está bien luchar porque nos da la oportunidad de ser humanos. La lucha nos enseña fuerza, paciencia y humildad. Hacer las cosas difíciles nos recuerda que somos resilientes y nos hace sentir empoderados. Puede superar la vergüenza, el rechazo, el fracaso y la angustia, lo ha hecho tantas veces antes y todavía está aquí para hablar de ello. Este diario no pretende que seamos unicornios y arcoíris todos los días. Va a tener días buenos y malos, pero esta sección se trata de mantener una actitud positiva y señalar las cosas buenas. No podemos cambiar el pasado, pero podemos cambiar nuestro mañana y hacerlo mejor.

"La fuerza no viene de lo que puede hacer.
Viene de superar las cosas que pensaba que no podía"
-Rikki Rogers

L / M / M / J / V / S / D

_____/_____/_____

◆ Movimiento	1	2	3	4	5
◆ Leer 10 páginas	1	2	3	4	5
◆ Hidratación	1	2	3	4	5
◆ Nutrición	1	2	3	4	5
◆ Dormir	1	2	3	4	5
◆ Tiempo familiar intencional	1	2	3	4	5
◆ Acto de bondad	1	2	3	4	5

¿Cuál fue mi mayor victoria del día? _____

_____

_____

_____

¿Qué cambios puedo implementar para que el mañana sea mejor?

◆ _____

◆ _____

◆ _____

Mi acto de bondad al azar: _____

_____

_____

Mi mayor aprendizaje de la lectura de hoy: _____

_____

Tres cosas que sucedieron hoy por las que estoy agradecido:

◆ _____

◆ _____

◆ _____

L / M / M / J / V / S / D

_____/_____/_____

"Si todos esperaran a convertirse en expertos antes de comenzar, nadie se convertiría en un experto. Para convertirte en un experto, debes tener experiencia. ¡Para obtener experiencia, debes experimentar! —Richie Norton*

- ◆ Movimiento   1   2   3   4   5
- ◆ Leer 10 páginas   1   2   3   4   5
- ◆ Hidratación   1   2   3   4   5
- ◆ Nutrición   1   2   3   4   5
- ◆ Dormir   1   2   3   4   5
- ◆ Tiempo familiar intencional   1   2   3   4   5
- ◆ Acto de bondad   1   2   3   4   5

¿Cuál fue mi mayor victoria del día? _____

_____

_____

_____

¿Qué cambios puedo implementar para que el mañana sea mejor?

- ◆ _____
- ◆ _____
- ◆ _____

Mi acto de bondad al azar: _____

_____

_____

Mi mayor aprendizaje de la lectura de hoy: _____

_____

Tres cosas que sucedieron hoy por las que estoy agradecido:

- ◆ _____
- ◆ _____
- ◆ _____

L / M / M / J / V / S / D

_____/_____/_____

- Movimiento   1   2   3   4   5
- Leer 10 páginas   1   2   3   4   5
- Hidratación   1   2   3   4   5
- Nutrición   1   2   3   4   5
- Dormir   1   2   3   4   5
- Tiempo familiar intencional   1   2   3   4   5
- Acto de bondad   1   2   3   4   5

¿Cuál fue mi mayor victoria del día? _____

_____

_____

_____

¿Qué cambios puedo implementar para que el mañana sea mejor?

- _____
- _____
- _____

Mi acto de bondad al azar: _____

_____

_____

Mi mayor aprendizaje de la lectura de hoy: _____

_____

Tres cosas que sucedieron hoy por las que estoy agradecido:

- _____
- _____
- _____

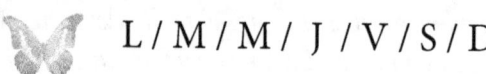 L / M / M / J / V / S / D

"Edita tu vida con frecuencia y sin piedad. Es tu obra maestra después de todo"
—Nathan W. Morris

_____/_____/_____

◆ Movimiento	1	2	3	4	5
◆ Leer 10 páginas	1	2	3	4	5
◆ Hidratación	1	2	3	4	5
◆ Nutrición	1	2	3	4	5
◆ Dormir	1	2	3	4	5
◆ Tiempo familiar intencional	1	2	3	4	5
◆ Acto de bondad	1	2	3	4	5

¿Cuál fue mi mayor victoria del día? _____

_____

_____

_____

¿Qué cambios puedo implementar para que el mañana sea mejor?

◆ _____

◆ _____

◆ _____

Mi acto de bondad al azar: _____

_____

_____

Mi mayor aprendizaje de la lectura de hoy: _____

_____

Tres cosas que sucedieron hoy por las que estoy agradecido:

◆ _____

◆ _____

◆ _____

L / M / M / J / V / S / D

___ / ___ / ___

"Ve y ama a alguien exactamente como es. Y luego observe qué tan rápido se transforma en la mejor y más auténtica versión de sí mismo."
—Wes Angelozzi

◆ Movimiento	1	2	3	4	5
◆ Leer 10 páginas	1	2	3	4	5
◆ Hidratación	1	2	3	4	5
◆ Nutrición	1	2	3	4	5
◆ Dormir	1	2	3	4	5
◆ Tiempo familiar intencional	1	2	3	4	5
◆ Acto de bondad	1	2	3	4	5

¿Cuál fue mi mayor victoria del día? _____

_____

_____

_____

¿Qué cambios puedo implementar para que el mañana sea mejor?

◆ _____

◆ _____

◆ _____

Mi acto de bondad al azar: _____

_____

_____

Mi mayor aprendizaje de la lectura de hoy: _____

_____

Tres cosas que sucedieron hoy por las que estoy agradecido:

◆ _____

◆ _____

◆ _____

L / M / M / J / V / S / D

_____/_____/_____

- Movimiento   1   2   3   4   5
- Leer 10 páginas   1   2   3   4   5
- Hidratación   1   2   3   4   5
- Nutrición   1   2   3   4   5
- Dormir   1   2   3   4   5
- Tiempo familiar intencional   1   2   3   4   5
- Acto de bondad   1   2   3   4   5

¿Cuál fue mi mayor victoria del día? _____

_____

_____

_____

¿Qué cambios puedo implementar para que el mañana sea mejor?

- _____
- _____
- _____

Mi acto de bondad al azar: _____

_____

_____

Mi mayor aprendizaje de la lectura de hoy: _____

_____

Tres cosas que sucedieron hoy por las que estoy agradecido:

- _____
- _____
- _____

 **L / M / M / J / V / S / D**

_____ / _____ / _____

◆ Movimiento	1	2	3	4	5
◆ Leer 10 páginas	1	2	3	4	5
◆ Hidratación	1	2	3	4	5
◆ Nutrición	1	2	3	4	5
◆ Dormir	1	2	3	4	5
◆ Tiempo familiar intencional	1	2	3	4	5
◆ Acto de bondad	1	2	3	4	5

¿Cuál fue mi mayor victoria del día? _____

_____

_____

_____

¿Qué cambios puedo implementar para que el mañana sea mejor?

◆ _____

◆ _____

◆ _____

Mi acto de bondad al azar: _____

_____

_____

Mi mayor aprendizaje de la lectura de hoy: _____

_____

Tres cosas que sucedieron hoy por las que estoy agradecido:

◆ _____

◆ _____

◆ _____

SU VELOCIDAD NO IMPORTA

Un tiempo atrás tenía la mentalidad de todo-o-nada. O estaba estrictamente comprometida y concentrada o simplemente me rendía por completo. Fui al extremo y me quedé atrapada en el ciclo "Comenzaré el Lunes" cada vez que me fallaba. Pensé que tenía que ser 100 por ciento perfecta y si no podía cumplir, sentía que estaba fallando.

El problema es que me estaba perdiendo todas las cosas buenas del camino, es decir, los pequeños escalones que podría haber subido si hubiera seguido adelante a pesar del fallo. Me estaba perdiendo las lecciones de aprendizaje sobre lo que podía hacer de manera diferente para ayudar a mi progreso y la oportunidad de redefinir lo que es realmente importante.

Va a tener días en los que nada saldrá bien. Algunos días serán más difíciles que otros, pero no puede permitir que los pequeños errores se interpongan en el camino de su objetivo más grande. Entienda que somos humanos y que vamos a tener momentos en los que nos fallaremos por completo, trabaje en tomar mejores decisiones en los siguientes momentos. No arruine todo el día por una mala elección.

Podemos desarrollar hábitos y comportamientos más saludables que nos ayudarán a largo plazo. No tenemos que ser perfectos, podemos tomarnos nuestro tiempo para llegar allí y asegurarnos de que sea una forma de vida sostenible. Su velocidad no importa, una pequeña acción significa seguir avanzando.

- En los días que se sienta desanimado: Alimente su mente. Lea un buen libro sobre motivación o escuche un podcast inspirador.

- En los días que no tenga ganas de hacer ejercicio: Busque apoyo y haga algo de movimiento, incluso si es solo una caminata de 10 minutos.

- En los días que se siente cansado: Evite comer alimentos que lo hagan sentir pesado; en su lugar, alimente su cuerpo con alimentos que le darán más energía. Tenga cuidado con lo que está introduciendo en su cuerpo.

- En los días que se siente triste: Rodéese de personas que le inspiren y le recuerden lo increíble que es.

- <u>En los días que se sienta contra la pared:</u> ¡Sea valiente! Salga de su zona de confort. Crecemos más cuando nos sentimos incómodos, asustados y cuando intentamos cosas nuevas.

Recuerde: Ha hecho cosas difíciles en su pasado. El desafío al que se enfrenta ahora requiere la misma cantidad de esfuerzo, solo que es una montaña diferente. Realmente no importa qué tan lento vaya, siempre y cuando siga moviéndose. La vida no es una carrera de velocidad, es un maratón; tómese su tiempo y corra esta carrera lenta y constante.

L / M / M / J / V / S / D

"El ejercicio es una celebración de lo que tu cuerpo puede hacer. No es un castigo por lo que comiste"
—Anónimo

_____/_____/_____

- Movimiento   1   2   3   4   5
- Leer 10 páginas   1   2   3   4   5
- Hidratación   1   2   3   4   5
- Nutrición   1   2   3   4   5
- Dormir   1   2   3   4   5
- Tiempo familiar intencional   1   2   3   4   5
- Acto de bondad   1   2   3   4   5

¿Cuál fue mi mayor victoria del día? _____
_____
_____
_____

¿Qué cambios puedo implementar para que el mañana sea mejor?

- _____
- _____
- _____

Mi acto de bondad al azar: _____
_____
_____

Mi mayor aprendizaje de la lectura de hoy: _____
_____

Tres cosas que sucedieron hoy por las que estoy agradecido:

- _____
- _____
- _____

L / M / M / J / V / S / D

_____ / _____ / _____

"Cuando te enamoras del proceso más que del producto, no tienes que esperar para darte permiso para ser feliz. Puede estar satisfecho en cualquier momento que su sistema esté funcionando"
—James Clear

	1	2	3	4	5
◆ Movimiento	1	2	3	4	5
◆ Leer 10 páginas	1	2	3	4	5
◆ Hidratación	1	2	3	4	5
◆ Nutrición	1	2	3	4	5
◆ Dormir	1	2	3	4	5
◆ Tiempo familiar intencional	1	2	3	4	5
◆ Acto de bondad	1	2	3	4	5

¿Cuál fue mi mayor victoria del día? _____

_____

_____

¿Qué cambios puedo implementar para que el mañana sea mejor?

◆ _____

◆ _____

◆ _____

Mi acto de bondad al azar: _____

_____

_____

Mi mayor aprendizaje de la lectura de hoy: _____

_____

Tres cosas que sucedieron hoy por las que estoy agradecido:

◆ _____

◆ _____

◆ _____

L / M / M / J / V / S / D

_____/_____/_____

"Cuando una puerta de la felicidad se cierra, otra se abre; pero a menudo miramos tanto la puerta cerrada que no vemos la que se ha abierto para nosotros"
—Helen Keller

- ◆ Movimiento   1   2   3   4   5
- ◆ Leer 10 páginas   1   2   3   4   5
- ◆ Hidratación   1   2   3   4   5
- ◆ Nutrición   1   2   3   4   5
- ◆ Dormir   1   2   3   4   5
- ◆ Tiempo familiar intencional   1   2   3   4   5
- ◆ Acto de bondad   1   2   3   4   5

¿Cuál fue mi mayor victoria del día? _____

_____

_____

_____

¿Qué cambios puedo implementar para que el mañana sea mejor?

- ◆ _____
- ◆ _____
- ◆ _____

Mi acto de bondad al azar: _____

_____

_____

Mi mayor aprendizaje de la lectura de hoy: _____

_____

Tres cosas que sucedieron hoy por las que estoy agradecido:

- ◆ _____
- ◆ _____
- ◆ _____

L / M / M / J / V / S / D

_____/_____/_____

"Una flexión es mejor que no hacer ejercicio. Un minuto de práctica de guitarra es mejor que nada. Un minuto de lectura es mejor que nunca levantar un libro. Es mejor hacer menos de lo que esperabas que no hacer nada" —James Clear

◆ Movimiento	1	2	3	4	5
◆ Leer 10 páginas	1	2	3	4	5
◆ Hidratación	1	2	3	4	5
◆ Nutrición	1	2	3	4	5
◆ Dormir	1	2	3	4	5
◆ Tiempo familiar intencional	1	2	3	4	5
◆ Acto de bondad	1	2	3	4	5

¿Cuál fue mi mayor victoria del día? _____

_____

_____

_____

¿Qué cambios puedo implementar para que el mañana sea mejor?

◆ _____

◆ _____

◆ _____

Mi acto de bondad al azar: _____

_____

_____

Mi mayor aprendizaje de la lectura de hoy: _____

_____

Tres cosas que sucedieron hoy por las que estoy agradecido:

◆ _____

◆ _____

◆ _____

L / M / M / J / V / S / D

_____ / _____ / _____

- ◆ Movimiento   1   2   3   4   5
- ◆ Leer 10 páginas   1   2   3   4   5
- ◆ Hidratación   1   2   3   4   5
- ◆ Nutrición   1   2   3   4   5
- ◆ Dormir   1   2   3   4   5
- ◆ Tiempo familiar intencional   1   2   3   4   5
- ◆ Acto de bondad   1   2   3   4   5

¿Cuál fue mi mayor victoria del día? _____

_____

_____

_____

¿Qué cambios puedo implementar para que el mañana sea mejor?

- ◆ _____
- ◆ _____
- ◆ _____

Mi acto de bondad al azar: _____

_____

_____

Mi mayor aprendizaje de la lectura de hoy: _____

_____

Tres cosas que sucedieron hoy por las que estoy agradecido:

- ◆ _____
- ◆ _____
- ◆ _____

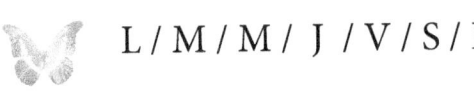 L / M / M / J / V / S / D

_____/_____/_____

	1	2	3	4	5
◆ Movimiento	1	2	3	4	5
◆ Leer 10 páginas	1	2	3	4	5
◆ Hidratación	1	2	3	4	5
◆ Nutrición	1	2	3	4	5
◆ Dormir	1	2	3	4	5
◆ Tiempo familiar intencional	1	2	3	4	5
◆ Acto de bondad	1	2	3	4	5

¿Cuál fue mi mayor victoria del día? _____

_____

_____

_____

¿Qué cambios puedo implementar para que el mañana sea mejor?

◆ _____

◆ _____

◆ _____

Mi acto de bondad al azar: _____

_____

_____

Mi mayor aprendizaje de la lectura de hoy: _____

_____

Tres cosas que sucedieron hoy por las que estoy agradecido:

◆ _____

◆ _____

◆ _____

L / M / M / J / V / S / D

_____/_____/_____

- ◆ Movimiento   1   2   3   4   5
- ◆ Leer 10 páginas   1   2   3   4   5
- ◆ Hidratación   1   2   3   4   5
- ◆ Nutrición   1   2   3   4   5
- ◆ Dormir   1   2   3   4   5
- ◆ Tiempo familiar intencional   1   2   3   4   5
- ◆ Acto de bondad   1   2   3   4   5

¿Cuál fue mi mayor victoria del día? _____

_____

_____

_____

¿Qué cambios puedo implementar para que el mañana sea mejor?

- ◆ _____
- ◆ _____
- ◆ _____

Mi acto de bondad al azar: _____

_____

_____

Mi mayor aprendizaje de la lectura de hoy: _____

_____

Tres cosas que sucedieron hoy por las que estoy agradecido:

- ◆ _____
- ◆ _____
- ◆ _____

NUTRICIÓN, EQUILIBRIO Y MODERACIÓN

Al final de un largo día de trabajo, todo lo que quería era darme un capricho y eso siempre llegaba en forma de comida, no podía esperar a llegar a casa y comenzar mi rutina nocturna frente al televisor con un tazón gigante de helado.

Tendemos a comer mal cuando estamos ocupados, estresados o molestos porque pensamos que nos hará sentir mejor, cuando en realidad absorbe la poca energía que nos queda. ¡Somos lo que comemos!, sentirme cansada, lenta y deprimida me hizo darme cuenta de que no estaba siendo inteligente con mis elecciones de comidas; tuve que dejar esos malos hábitos y trabajar en mi relación con ella. No se trataba solo de perder peso para usar pantalones más pequeños. Se trataba más de hacerme sentir mejor internamente y dar el mejor ejemplo a mis hijos.

La buena salud también se puede heredar, pero debemos desempeñar un papel activo en enseñar a nuestros hijos cómo alimentar adecuadamente sus cuerpos. El cuerpo humano es una máquina asombrosa y necesita combustible para funcionar de la mejor manera. Cuando comemos comidas más saludables, ayuda en todos los aspectos de nuestra vida; le sorprenderá lo beneficioso que es en su vida laboral y familiar.

Estos consejos le ayudarán a ahorrar tiempo y energía a usted y a su familia dando como resultado el hábito de comer más sano, trate de incorporar algunos de estos pequeños cambios para trabajar en su nutrición.

- Nuestro cuerpo necesita los cinco grupos de alimentos. Los carbohidratos tienen una percepción negativa porque muchas personas buscan los incorrectos. Olvídese de pensar que tiene que renunciar a ellos; coma granos como pasta y pan de trigo, arroz, avena y quinoa que sean integrales.

- La proteína aumenta la masa muscular, reduce la presión arterial y ayuda a reparar los tejidos. Consuma alimentos ricos en proteínas como huevos, pollo, pavo, pescado, yogur griego, requesón y almendras.

- Las frutas y verduras son una gran fuente de vitaminas y minerales. Son más fáciles de digerir para su cuerpo y satisfacen los antojos de azúcar. Pique frutas y verduras y coloque una taza de porciones en bolsas herméticas para una merienda fácil, ya preparada.

- Puede pensar que sus huesos ya están fuertes y no cambian una vez que deja de crecer, pero se están reconstruyendo constantemente. El yogur, la leche, el salmón, el atún, las verduras y la mantequilla de almendras son solo algunos alimentos que pueden ayudar a fortalecer los huesos.

- Revise su despensa y reemplace la comida chatarra con opciones más saludables. Comer a deshoras y rápido pueden conducir a elecciones poco saludables.

- No coma frente al televisor, esto engañará a su mente para que desee una golosina cada vez que vea un programa. Acostúmbrese a cenar en la mesa con su familia. Lamentablemente, muchas personas no hacen esto lo suficiente.

- No vaya al supermercado cuando tenga hambre. Las cosas que llevo a casa con el estómago vacío, generalmente no están en mi lista de compras.

- La preparación de comidas los domingos le ahorrará tiempo y dinero durante la semana. Invierte más de tiempo, y ve los resultados a largo plazo.

- Los niños van a comer lo que usted compre. Si no quiere que coman papas fritas, dulces y refrescos, no los compre. Llene su canasta de frutas y hágalas visibles.

- Lleve a sus hijos al supermercado y permítales elegir las frutas y verduras para la semana, estarán más emocionados de comer algo si creen que fue su idea.

- No coma de la bolsa, es mucho más difícil comer en exceso cuando no tienes la bolsa enfrente.

- Trate de comer porciones más pequeñas. A veces, unos pocos bocados de algo pueden satisfacer un impulso de azúcar.

- Coma despacio y disfrute de su comida, hacer esto le envía una señal a su cerebro de que está comenzando a llenarse y evita comer en exceso.

- Trate de reemplazar los jugos y refrescos con agua para reducir el consumo de azúcar.

La salud mental es tan importante como la física; no se estrese privándose de las golosinas que le encantan, eso solo le preparará para el fracaso y eventualmente comerá de más. Debemos luchar por una relación positiva y pacífica con la comida. En una celebración disfrute de un pequeño pedazo de pastel. Durante una película comparta unas palomitas de maíz. En un caluroso día de verano disfrute de una bola de helado. No es lo que hacemos de vez en cuando, es lo que hacemos todos los días lo que más importa. Encuentra un equilibrio feliz.

"La nutrición es el rey, el ejercicio es la reina, juntalos y tendrás un reino"
—*Anónimo*

L / M / M / J / V / S / D

_____ / _____ / _____

"Haz tu pequeño bien donde estés; son esos pequeños pedazos de bien juntos los que abruman al mundo"
—Desmond Tutu

◆ Movimiento	1	2	3	4	5
◆ Leer 10 páginas	1	2	3	4	5
◆ Hidratación	1	2	3	4	5
◆ Nutrición	1	2	3	4	5
◆ Dormir	1	2	3	4	5
◆ Tiempo familiar intencional	1	2	3	4	5
◆ Acto de bondad	1	2	3	4	5

¿Cuál fue mi mayor victoria del día? _____

_____

_____

_____

¿Qué cambios puedo implementar para que el mañana sea mejor?

◆ _____

◆ _____

◆ _____

Mi acto de bondad al azar: _____

_____

_____

Mi mayor aprendizaje de la lectura de hoy: _____

_____

Tres cosas que sucedieron hoy por las que estoy agradecido:

◆ _____

◆ _____

◆ _____

L / M / M / J / V / S / D

_____/_____/_____

	1	2	3	4	5
◆ Movimiento	1	2	3	4	5
◆ Leer 10 páginas	1	2	3	4	5
◆ Hidratación	1	2	3	4	5
◆ Nutrición	1	2	3	4	5
◆ Dormir	1	2	3	4	5
◆ Tiempo familiar intencional	1	2	3	4	5
◆ Acto de bondad	1	2	3	4	5

¿Cuál fue mi mayor victoria del día? _____

_____

_____

_____

¿Qué cambios puedo implementar para que el mañana sea mejor?

◆ _____

◆ _____

◆ _____

Mi acto de bondad al azar: _____

_____

_____

Mi mayor aprendizaje de la lectura de hoy: _____

_____

Tres cosas que sucedieron hoy por las que estoy agradecido:

◆ _____

◆ _____

◆ _____

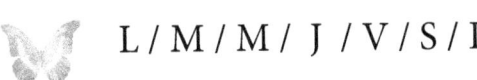 L / M / M / J / V / S / D

"La bondad da a luz a la bondad"
— *Sophocles*

_____/_____/_____

- ◆ Movimiento   1   2   3   4   5
- ◆ Leer 10 páginas   1   2   3   4   5
- ◆ Hidratación   1   2   3   4   5
- ◆ Nutrición   1   2   3   4   5
- ◆ Dormir   1   2   3   4   5
- ◆ Tiempo familiar intencional   1   2   3   4   5
- ◆ Acto de bondad   1   2   3   4   5

¿Cuál fue mi mayor victoria del día? _____

_____

_____

_____

¿Qué cambios puedo implementar para que el mañana sea mejor?

- ◆ _____
- ◆ _____
- ◆ _____

Mi acto de bondad al azar: _____

_____

_____

Mi mayor aprendizaje de la lectura de hoy: _____

_____

Tres cosas que sucedieron hoy por las que estoy agradecido:

- ◆ _____
- ◆ _____
- ◆ _____

L / M / M / J / V / S / D

"Hay una progresión natural para todo en la vida: Plantar, cultivar y cosechar"
—*Jeff Olson*

_____/_____/_____

◆ Movimiento	1	2	3	4	5
◆ Leer 10 páginas	1	2	3	4	5
◆ Hidratación	1	2	3	4	5
◆ Nutrición	1	2	3	4	5
◆ Dormir	1	2	3	4	5
◆ Tiempo familiar intencional	1	2	3	4	5
◆ Acto de bondad	1	2	3	4	5

¿Cuál fue mi mayor victoria del día? _____

_____

_____

_____

¿Qué cambios puedo implementar para que el mañana sea mejor?

◆ _____

◆ _____

◆ _____

Mi acto de bondad al azar: _____

_____

_____

Mi mayor aprendizaje de la lectura de hoy: _____

_____

Tres cosas que sucedieron hoy por las que estoy agradecido:

◆ _____

◆ _____

◆ _____

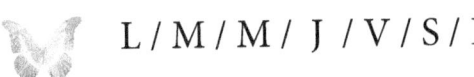 L / M / M / J / V / S / D

_____/_____/_____

	1	2	3	4	5
◆ Movimiento	1	2	3	4	5
◆ Leer 10 páginas	1	2	3	4	5
◆ Hidratación	1	2	3	4	5
◆ Nutrición	1	2	3	4	5
◆ Dormir	1	2	3	4	5
◆ Tiempo familiar intencional	1	2	3	4	5
◆ Acto de bondad	1	2	3	4	5

¿Cuál fue mi mayor victoria del día? _____

_____

_____

_____

¿Qué cambios puedo implementar para que el mañana sea mejor?

◆ _____

◆ _____

◆ _____

Mi acto de bondad al azar: _____

_____

_____

Mi mayor aprendizaje de la lectura de hoy: _____

_____

Tres cosas que sucedieron hoy por las que estoy agradecido:

◆ _____

◆ _____

◆ _____

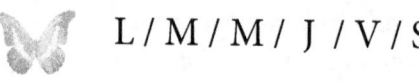 **L / M / M / J / V / S / D**

"Tú y solo tú, eres responsable en quién te conviertes y que feliz eres"
—*Rachel Hollis*

_____/_____/_____

	1	2	3	4	5
• Movimiento	1	2	3	4	5
• Leer 10 páginas	1	2	3	4	5
• Hidratación	1	2	3	4	5
• Nutrición	1	2	3	4	5
• Dormir	1	2	3	4	5
• Tiempo familiar intencional	1	2	3	4	5
• Acto de bondad	1	2	3	4	5

¿Cuál fue mi mayor victoria del día? _____

_____

_____

_____

¿Qué cambios puedo implementar para que el mañana sea mejor?

• _____

• _____

• _____

Mi acto de bondad al azar: _____

_____

_____

Mi mayor aprendizaje de la lectura de hoy: _____

_____

Tres cosas que sucedieron hoy por las que estoy agradecido:

• _____

• _____

• _____

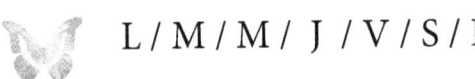 L / M / M / J / V / S / D

_____/_____/_____

◆ Movimiento	1	2	3	4	5
◆ Leer 10 páginas	1	2	3	4	5
◆ Hidratación	1	2	3	4	5
◆ Nutrición	1	2	3	4	5
◆ Dormir	1	2	3	4	5
◆ Tiempo familiar intencional	1	2	3	4	5
◆ Acto de bondad	1	2	3	4	5

¿Cuál fue mi mayor victoria del día? _____

_____

_____

_____

¿Qué cambios puedo implementar para que el mañana sea mejor?

◆ _____

◆ _____

◆ _____

Mi acto de bondad al azar: _____

_____

_____

Mi mayor aprendizaje de la lectura de hoy: _____

_____

Tres cosas que sucedieron hoy por las que estoy agradecido:

◆ _____

◆ _____

◆ _____

¡¿QUÉ DIRÁ LA GENTE?!

Puede que esta no sea su situación, pero fue la mía durante muchos años. Siempre buscaba la aprobación de los demás para llenar un vaso que solo yo podía llenar, crecí preocupándome más por cómo me veían los demás que por cómo me veía yo. Asumí lo que todos pensaban de mí, sin darme cuenta de que eran mis propias creencias y todo lo que estaba haciendo era echarle la culpa a otra persona. Lamentablemente, esto me impidió crecer y aprovechar nuevas oportunidades.

Cuando otras personas extienden su apoyo, enciende un fuego en nosotros que nos ayuda a continuar con el proceso. Es una sensación increíble saber que somos valorados, apreciados y apoyados. En nuestro camino hacia la felicidad, también habrá personas que nos arrojarán piedras, entienda que su juicio no se trata de usted, sino más bien de ellos. La verdad es que la gente siempre va a tener una opinión y no debemos tomarla como algo personal. Todo lo que importa es que somos felices y apoyados por aquellos a quienes amamos. Busque orientación y consejos de aquellas personas que sí valora. Nadie tiene derecho a juzgarlo cuando ha trabajado incansablemente para convertirse en lo que es hoy.

Dejé de preocuparme por las opiniones de otras personas cuando descubrí un sentido más profundo y más fuerte de quién soy realmente. Esto requirió más esfuerzo, pero me empujó a vivir mi vida con propósito. Realmente se trata de marcar la diferencia y escalar la montaña juntos. Cuando nos desafiamos a nosotros mismos y salimos de nuestra zona de confort, descubrimos algunas de nuestras mayores fortalezas. Sea una persona más grande, siga persiguiendo sus sueños, deje atrás el pasado, aprenda de sus errores y siga adelante sin importar lo que digan los demás.

Al igual, si conoce a alguien que está trabajando duro para convertirse en una mejor versión de sí mismo, anímelo. No sea un obstáculo en su viaje; en cambio, ayude a despejar el camino para que su camino sea un poco menos lleno de baches.

"Si juzgas a las personas no tienes tiempo para amarlas"
-Madre Teresa

 L / M / M / J / V / S / D

_____/_____/_____

◆ Movimiento	1	2	3	4	5
◆ Leer 10 páginas	1	2	3	4	5
◆ Hidratación	1	2	3	4	5
◆ Nutrición	1	2	3	4	5
◆ Dormir	1	2	3	4	5
◆ Tiempo familiar intencional	1	2	3	4	5
◆ Acto de bondad	1	2	3	4	5

¿Cuál fue mi mayor victoria del día? _____

_____

_____

_____

¿Qué cambios puedo implementar para que el mañana sea mejor?

◆ _____

◆ _____

◆ _____

Mi acto de bondad al azar: _____

_____

_____

Mi mayor aprendizaje de la lectura de hoy: _____

_____

Tres cosas que sucedieron hoy por las que estoy agradecido:

◆ _____

◆ _____

◆ _____

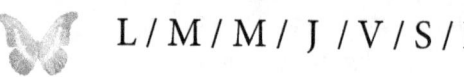 **L / M / M / J / V / S / D**

_____/_____/_____

◆ Movimiento	1	2	3	4	5
◆ Leer 10 páginas	1	2	3	4	5
◆ Hidratación	1	2	3	4	5
◆ Nutrición	1	2	3	4	5
◆ Dormir	1	2	3	4	5
◆ Tiempo familiar intencional	1	2	3	4	5
◆ Acto de bondad	1	2	3	4	5

¿Cuál fue mi mayor victoria del día? _____

_____

_____

_____

¿Qué cambios puedo implementar para que el mañana sea mejor?

◆ _____

◆ _____

◆ _____

Mi acto de bondad al azar: _____

_____

_____

Mi mayor aprendizaje de la lectura de hoy: _____

_____

Tres cosas que sucedieron hoy por las que estoy agradecido:

◆ _____

◆ _____

◆ _____

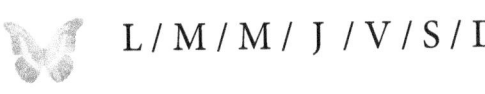 L / M / M / J / V / S / D

_____/_____/_____

- ◆ Movimiento   1   2   3   4   5
- ◆ Leer 10 páginas   1   2   3   4   5
- ◆ Hidratación   1   2   3   4   5
- ◆ Nutrición   1   2   3   4   5
- ◆ Dormir   1   2   3   4   5
- ◆ Tiempo familiar intencional   1   2   3   4   5
- ◆ Acto de bondad   1   2   3   4   5

¿Cuál fue mi mayor victoria del día? _____

_____

_____

_____

¿Qué cambios puedo implementar para que el mañana sea mejor?

- ◆ _____

- ◆ _____

- ◆ _____

Mi acto de bondad al azar: _____

_____

_____

Mi mayor aprendizaje de la lectura de hoy: _____

_____

Tres cosas que sucedieron hoy por las que estoy agradecido:

- ◆ _____

- ◆ _____

- ◆ _____

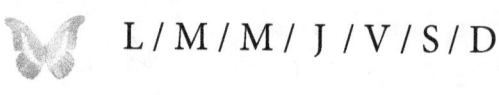 **L / M / M / J / V / S / D**

"Nunca mires hacia abajo de nadie, a menos que lo estés ayudando a levantarse"
—*Jesse Jackson*

_____/_____/_____

- ◆ Movimiento   1   2   3   4   5
- ◆ Leer 10 páginas   1   2   3   4   5
- ◆ Hidratación   1   2   3   4   5
- ◆ Nutrición   1   2   3   4   5
- ◆ Dormir   1   2   3   4   5
- ◆ Tiempo familiar intencional   1   2   3   4   5
- ◆ Acto de bondad   1   2   3   4   5

¿Cuál fue mi mayor victoria del día? _____

_____

_____

_____

¿Qué cambios puedo implementar para que el mañana sea mejor?

- ◆ _____
- ◆ _____
- ◆ _____

Mi acto de bondad al azar: _____

_____

_____

Mi mayor aprendizaje de la lectura de hoy: _____

_____

Tres cosas que sucedieron hoy por las que estoy agradecido:

- ◆ _____
- ◆ _____
- ◆ _____

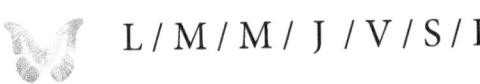 L / M / M / J / V / S / D

"Un solo acto de bondad echa raíces en todas direcciones, y las raíces brotan y hacen árboles"
—Amelia Earnhart

_____/_____/_____

◆ Movimiento	1	2	3	4	5
◆ Leer 10 páginas	1	2	3	4	5
◆ Hidratación	1	2	3	4	5
◆ Nutrición	1	2	3	4	5
◆ Dormir	1	2	3	4	5
◆ Tiempo familiar intencional	1	2	3	4	5
◆ Acto de bondad	1	2	3	4	5

¿Cuál fue mi mayor victoria del día? _____

_____

_____

_____

¿Qué cambios puedo implementar para que el mañana sea mejor?

- ◆ _____
- ◆ _____
- ◆ _____

Mi acto de bondad al azar: _____

_____

_____

Mi mayor aprendizaje de la lectura de hoy: _____

_____

Tres cosas que sucedieron hoy por las que estoy agradecido:

- ◆ _____
- ◆ _____
- ◆ _____

L / M / M / J / V / S / D

_____/_____/_____

	1	2	3	4	5
◆ Movimiento	1	2	3	4	5
◆ Leer 10 páginas	1	2	3	4	5
◆ Hidratación	1	2	3	4	5
◆ Nutrición	1	2	3	4	5
◆ Dormir	1	2	3	4	5
◆ Tiempo familiar intencional	1	2	3	4	5
◆ Acto de bondad	1	2	3	4	5

¿Cuál fue mi mayor victoria del día? _____

_____

_____

_____

¿Qué cambios puedo implementar para que el mañana sea mejor?

◆ _____

◆ _____

◆ _____

Mi acto de bondad al azar: _____

_____

_____

Mi mayor aprendizaje de la lectura de hoy: _____

_____

Tres cosas que sucedieron hoy por las que estoy agradecido:

◆ _____

◆ _____

◆ _____

 L / M / M / J / V / S / D

"La vida intencional se trata de vivir tu mejor historia"
—John Maxwell

_____/_____/_____

◆ Movimiento	1	2	3	4	5
◆ Leer 10 páginas	1	2	3	4	5
◆ Hidratación	1	2	3	4	5
◆ Nutrición	1	2	3	4	5
◆ Dormir	1	2	3	4	5
◆ Tiempo familiar intencional	1	2	3	4	5
◆ Acto de bondad	1	2	3	4	5

¿Cuál fue mi mayor victoria del día? _____

_____

_____

_____

¿Qué cambios puedo implementar para que el mañana sea mejor?

◆ _____

◆ _____

◆ _____

Mi acto de bondad al azar: _____

_____

_____

Mi mayor aprendizaje de la lectura de hoy: _____

_____

Tres cosas que sucedieron hoy por las que estoy agradecido:

◆ _____

◆ _____

◆ _____

SIGA BRILLANDO

Como la mayoría de la gente, tengo días muy buenos y otros muy difíciles. Guardo barras luminosas en lugares aleatorios como recordatorio para los días complicados. Para que una pulsera de neón funcione y proporcione brillo, debe quebrarse primero. Tiene que quebrarlo para que se activen los químicos y cuanto más lo sacuda, más intenso brilla.

Me tomó varias rupturas antes de encontrar el poder para brillar. No fue tan fácil como sacudir el tubo para que los dos químicos reaccionaran; tuve que trabajar duro, dejar de sentirme culpable por hacer tiempo para mí y mantener una rutina constante. Haciendo eso es la única forma en que podemos brillar tanto y tener la capacidad de iluminar el camino para los demás.

Por supuesto, el brillo no durará para siempre, nuestros hábitos y rutinas tampoco. Las cosas siempre están cambiando, pasamos por pérdidas, dolor, nos enfermamos, nos sentimos perdidos y desmotivados. Lo importante es recordar que cada mañana se nos da la oportunidad de brillar; siempre que esté pasando por una tormenta, recuerda que se tiene que romper para poder brillar. Cuando esté en un lugar oscuro, regrese y piense en las cosas que estaba haciendo y que lo hicieron sentirse lo mejor posible, y vuelva a hacerlas.

Puede que se sienta extraño cuando finalmente entramos en una luz nueva, casi como si fuera imposible cambiar y evolucionar de la persona que una vez fuimos, pero la luz brillante es una prueba de que nos estamos convirtiendo en lo que estábamos destinados a ser. Comenzaremos a sentirnos más cómodos nosotros mismos cuando aceptemos los cambios y brillemos sin contenernos, haga brillar su luz y ayude a que otros puedan encontrar la suya.

Parte de brillar intensamente es compartir la luz y apoyar a quienes nos rodean, como dijo James Keller "Una vela no pierde nada al encender otra". Este mundo es lo suficientemente grande para todos; y brindar apoyo adicional no nos quitará nada, de hecho, agrega más a nuestra vida. Ayudar a otros en su viaje satisface algunas de nuestras necesidades humanas, nos permite conectarnos con los demás y ver que nuestras acciones marcan una diferencia positiva, siempre podemos encender la luz.

"No tengas miedo de brillar, el mundo necesita su luz"
—Timi Nadela

L / M / M / J / V / S / D

_____/_____/_____

"No es suficiente haber vivido. Debemos estar decididos a vivir para algo"
—Winston Churchill

- Movimiento   1 2 3 4 5
- Leer 10 páginas   1 2 3 4 5
- Hidratación   1 2 3 4 5
- Nutrición   1 2 3 4 5
- Dormir   1 2 3 4 5
- Tiempo familiar intencional 1 2 3 4 5
- Acto de bondad   1 2 3 4 5

¿Cuál fue mi mayor victoria del día? _____

_____

_____

_____

¿Qué cambios puedo implementar para que el mañana sea mejor?

- _____
- _____
- _____

Mi acto de bondad al azar: _____

_____

_____

Mi mayor aprendizaje de la lectura de hoy: _____

_____

Tres cosas que sucedieron hoy por las que estoy agradecido:

- _____
- _____
- _____

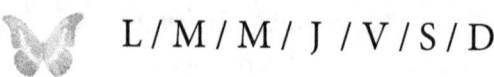

L / M / M / J / V / S / D

_____/_____/_____

"Si haces lo que siempre has hecho, obtendrás lo que siempre has obtenido"
—Tony Robbins

- Movimiento   1   2   3   4   5
- Leer 10 páginas   1   2   3   4   5
- Hidratación   1   2   3   4   5
- Nutrición   1   2   3   4   5
- Dormir   1   2   3   4   5
- Tiempo familiar intencional   1   2   3   4   5
- Acto de bondad   1   2   3   4   5

¿Cuál fue mi mayor victoria del día? _____

_____

_____

_____

¿Qué cambios puedo implementar para que el mañana sea mejor?

- _____

- _____

- _____

Mi acto de bondad al azar: _____

_____

_____

Mi mayor aprendizaje de la lectura de hoy: _____

_____

Tres cosas que sucedieron hoy por las que estoy agradecido:

- _____

- _____

- _____

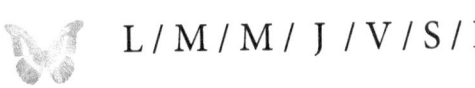 L / M / M / J / V / S / D

"Haz lo mejor que puedas hasta que sepas mejor.
Entonces cuando sepas mejor, hazlo mejor"
—*Maya Angelou*

_____ / _____ / _____

◆ Movimiento	1	2	3	4	5
◆ Leer 10 páginas	1	2	3	4	5
◆ Hidratación	1	2	3	4	5
◆ Nutrición	1	2	3	4	5
◆ Dormir	1	2	3	4	5
◆ Tiempo familiar intencional	1	2	3	4	5
◆ Acto de bondad	1	2	3	4	5

¿Cuál fue mi mayor victoria del día? _____

_____

_____

_____

¿Qué cambios puedo implementar para que el mañana sea mejor?

◆ _____

◆ _____

◆ _____

Mi acto de bondad al azar: _____

_____

_____

Mi mayor aprendizaje de la lectura de hoy: _____

_____

Tres cosas que sucedieron hoy por las que estoy agradecido:

◆ _____

◆ _____

◆ _____

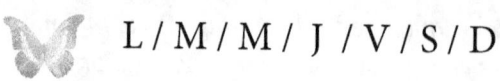 L / M / M / J / V / S / D

"Hoy me amaré lo suficiente como
para hacer ejercicio"
—Anónimo

_____/_____/_____

- ◆ Movimiento   1   2   3   4   5
- ◆ Leer 10 páginas   1   2   3   4   5
- ◆ Hidratación   1   2   3   4   5
- ◆ Nutrición   1   2   3   4   5
- ◆ Dormir   1   2   3   4   5
- ◆ Tiempo familiar intencional   1   2   3   4   5
- ◆ Acto de bondad   1   2   3   4   5

¿Cuál fue mi mayor victoria del día? _____

_____

_____

_____

¿Qué cambios puedo implementar para que el mañana sea mejor?

- ◆ _____
- ◆ _____
- ◆ _____

Mi acto de bondad al azar: _____

_____

_____

Mi mayor aprendizaje de la lectura de hoy: _____

_____

Tres cosas que sucedieron hoy por las que estoy agradecido:

- ◆ _____
- ◆ _____
- ◆ _____

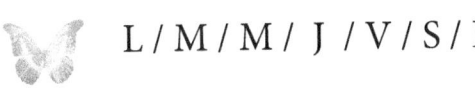 L / M / M / J / V / S / D

_____/_____/_____

"El amor y la bondad nunca se desperdician.
Siempre hacen una diferencia. Bendicen al que
las recibe y al que las da"
—*Bárbara De Angelis*

◆ Movimiento	1	2	3	4	5
◆ Leer 10 páginas	1	2	3	4	5
◆ Hidratación	1	2	3	4	5
◆ Nutrición	1	2	3	4	5
◆ Dormir	1	2	3	4	5
◆ Tiempo familiar intencional	1	2	3	4	5
◆ Acto de bondad	1	2	3	4	5

¿Cuál fue mi mayor victoria del día? _____

_____

_____

_____

¿Qué cambios puedo implementar para que el mañana sea mejor?

◆ _____

◆ _____

◆ _____

Mi acto de bondad al azar: _____

_____

_____

Mi mayor aprendizaje de la lectura de hoy: _____

_____

Tres cosas que sucedieron hoy por las que estoy agradecido:

◆ _____

◆ _____

◆ _____

L / M / M / J / V / S / D

_____/_____/_____

"Hay cien maneras de aprender a nadar y una manera muy fácil de ahogarse, y es no estar dispuesto a admitir que te estás ahogando en primer lugar"
—*Rachel Hollis*

- ◆ Movimiento 1 2 3 4 5
- ◆ Leer 10 páginas 1 2 3 4 5
- ◆ Hidratación 1 2 3 4 5
- ◆ Nutrición 1 2 3 4 5
- ◆ Dormir 1 2 3 4 5
- ◆ Tiempo familiar intencional 1 2 3 4 5
- ◆ Acto de bondad 1 2 3 4 5

¿Cuál fue mi mayor victoria del día? _____

_____

_____

_____

¿Qué cambios puedo implementar para que el mañana sea mejor?

- ◆ _____
- ◆ _____
- ◆ _____

Mi acto de bondad al azar: _____

_____

_____

Mi mayor aprendizaje de la lectura de hoy: _____

_____

Tres cosas que sucedieron hoy por las que estoy agradecido:

- ◆ _____
- ◆ _____
- ◆ _____

L / M / M / J / V / S / D

_____/_____/_____

*"Las cosas grandes nunca vienen
de las zonas de comodidad"*
—*Anónimo*

- Movimiento   1   2   3   4   5
- Leer 10 páginas   1   2   3   4   5
- Hidratación   1   2   3   4   5
- Nutrición   1   2   3   4   5
- Dormir   1   2   3   4   5
- Tiempo familiar intencional   1   2   3   4   5
- Acto de bondad   1   2   3   4   5

¿Cuál fue mi mayor victoria del día? _____

_____

_____

_____

¿Qué cambios puedo implementar para que el mañana sea mejor?

- _____

- _____

- _____

Mi acto de bondad al azar: _____

_____

_____

Mi mayor aprendizaje de la lectura de hoy: _____

_____

Tres cosas que sucedieron hoy por las que estoy agradecido:

- _____

- _____

- _____

MOVIMIENTO

Durante 15 años pagué una cuota mensual por una membresía de gimnasio que rara vez usaba. Sintiéndome motivada y decidida, pasé semanas asistiendo constantemente al gimnasio. Entonces empecé a tener muchas actividades diarias, primero una, al día siguiente se convirtieron en dos y pasado los meses en demasiadas, a causa de eso se me hizo difícil encontrar el camino de regreso. Necesitaba encontrar un mejor sistema, uno que no me permitiera generar pretextos como: está demasiado lejos, hay demasiado tráfico, hay demasiada gente, o necesito una niñera.

Luego comencé a preguntarme, si otras personas podían ser constantes y ver resultados, ¿por qué yo sería diferente?. Finalmente encontré un sistema que podía hacer en casa y funcionó para mí; necesitaba algo de orientación y me inscribí en un programa de ejercicios que me dio acceso a excelentes entrenadores a un costo muy bajo. Compré pesas ligeras, bandas resistentes y deslizadores; establecí hábitos de preparar mi ropa, zapatos y cada noche llené mi botella de agua.

Me despertaba todas las mañanas y completaba un entrenamiento de 30 minutos en mi sala, podía estar despeinada y no preocuparme por quién veía el esfuerzo que me costaba hacer el ejercicio, excepto que mis hijos veían como luchaba, pero nunca me vieron renunciar. Se convirtió en la nueva normalidad de nuestro hogar sacar las pesas y los tapetes de yoga todos los días, ahora cada uno de mis hijos comienza su mañana con un entrenamiento.

El movimiento es una función básica del cuerpo y ha demostrado tener muchos beneficios para la salud, tanto física como mental. Cuando está sentado frente a su computadora o televisión, su columna vertebral se comprime. Tómese un tiempo todos los días para levantarse y moverse; y si trabaja en una oficina, configure alarmas que le recuerden levantarse y estirarse por periodos de tiempo definidos.

- El ejercicio cambia su estado de ánimo, la actividad física estimula las sustancias químicas del cerebro que pueden hacer que se sienta más feliz y con más energía, disminuye el estrés, la ansiedad y la depresión. ¿Ha conocido a alguien que esté de mal humor después de un gran entrenamiento? ¡Nadie se arrepiente de un buen entrenamiento!.

- El ejercicio puede ayudarlo a relajarse y dormir profundamente. Me convertí en una persona madrugadora; después de luchar contra el insomnio durante más de una década, ahora duermo de siete a ocho horas diariamente.

- El ejercicio aumenta su metabolismo y en consecuencia ayuda a la pérdida de peso quemando más calorías, también le ayuda a mantener y aumentar su masa muscular y crea huesos fuertes.

La parte más difícil de este nuevo hábito fue levantarme temprano para completar mi entrenamiento, una de las cosas que hice que marcó una gran diferencia fue no presionar el botón de repetición en mi alarma. Empecé a dejar mi teléfono al otro lado de mi habitación y cuando la alarma sonaba a las 4:00 de la mañana no tuve más remedio que levantarme para cruzar la habitación y apagarla. ¡Lo logré cuando me levanté!

No tiene que empezar con toda su fuerza, solo tiene que empezar en alguna parte, estacionese más lejos de la entrada de las tiendas, dé caminatas cortas, suba las escaleras, estirese un poco por la mañana, haga un par de abdominales antes de acostarse, haga 10 sentadillas cada vez que vaya al baño ¡una sentadilla es mejor que ninguna!.

"El cuerpo mejorará en lo que sea que hagas o dejes de hacer;
si no te mueves, tu cuerpo dejará de hacerlo. Si te mueves,
tu cuerpo permitirá más movimiento"
–Ido Portal

L / M / M / J / V / S / D

"Es divertido hacer lo imposible"
—Walt Disney

_____ / _____ / _____

◆ Movimiento	1	2	3	4	5
◆ Leer 10 páginas	1	2	3	4	5
◆ Hidratación	1	2	3	4	5
◆ Nutrición	1	2	3	4	5
◆ Dormir	1	2	3	4	5
◆ Tiempo familiar intencional	1	2	3	4	5
◆ Acto de bondad	1	2	3	4	5

¿Cuál fue mi mayor victoria del día? _____

_____

_____

_____

¿Qué cambios puedo implementar para que el mañana sea mejor?

◆ _____

◆ _____

◆ _____

Mi acto de bondad al azar: _____

_____

_____

Mi mayor aprendizaje de la lectura de hoy: _____

_____

Tres cosas que sucedieron hoy por las que estoy agradecido:

◆ _____

◆ _____

◆ _____

L / M / M / J / V / S / D

_____/_____/_____

◆ Movimiento	1	2	3	4	5
◆ Leer 10 páginas	1	2	3	4	5
◆ Hidratación	1	2	3	4	5
◆ Nutrición	1	2	3	4	5
◆ Dormir	1	2	3	4	5
◆ Tiempo familiar intencional	1	2	3	4	5
◆ Acto de bondad	1	2	3	4	5

¿Cuál fue mi mayor victoria del día? _____

_____

_____

_____

¿Qué cambios puedo implementar para que el mañana sea mejor?

◆ _____

◆ _____

◆ _____

Mi acto de bondad al azar: _____

_____

_____

Mi mayor aprendizaje de la lectura de hoy: _____

_____

Tres cosas que sucedieron hoy por las que estoy agradecido:

◆ _____

◆ _____

◆ _____

L / M / M / J / V / S / D

_____/_____/_____

- Movimiento   1   2   3   4   5
- Leer 10 páginas   1   2   3   4   5
- Hidratación   1   2   3   4   5
- Nutrición   1   2   3   4   5
- Dormir   1   2   3   4   5
- Tiempo familiar intencional   1   2   3   4   5
- Acto de bondad   1   2   3   4   5

¿Cuál fue mi mayor victoria del día? _____

_____

_____

_____

¿Qué cambios puedo implementar para que el mañana sea mejor?

- _____

- _____

- _____

Mi acto de bondad al azar: _____

_____

_____

Mi mayor aprendizaje de la lectura de hoy: _____

_____

Tres cosas que sucedieron hoy por las que estoy agradecido:

- _____

- _____

- _____

 L / M / M / J / V / S / D

_____/_____/_____

"Debemos aceptar el dolor y usarlo como combustible para nuestro viaje"
—Kenji Miyazawa

- ◆ Movimiento   1   2   3   4   5
- ◆ Leer 10 páginas   1   2   3   4   5
- ◆ Hidratación   1   2   3   4   5
- ◆ Nutrición   1   2   3   4   5
- ◆ Dormir   1   2   3   4   5
- ◆ Tiempo familiar intencional   1   2   3   4   5
- ◆ Acto de bondad   1   2   3   4   5

¿Cuál fue mi mayor victoria del día? _____

_____

_____

_____

¿Qué cambios puedo implementar para que el mañana sea mejor?

- ◆ _____
- ◆ _____
- ◆ _____

Mi acto de bondad al azar: _____

_____

_____

Mi mayor aprendizaje de la lectura de hoy: _____

_____

Tres cosas que sucedieron hoy por las que estoy agradecido:

- ◆ _____
- ◆ _____
- ◆ _____

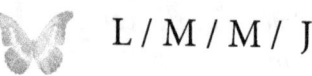 L / M / M / J / V / S / D

"Todos los grandes logros requieren tiempo"
—Maya Angelou

_____/_____/_____

◆ Movimiento	1	2	3	4	5
◆ Leer 10 páginas	1	2	3	4	5
◆ Hidratación	1	2	3	4	5
◆ Nutrición	1	2	3	4	5
◆ Dormir	1	2	3	4	5
◆ Tiempo familiar intencional	1	2	3	4	5
◆ Acto de bondad	1	2	3	4	5

¿Cuál fue mi mayor victoria del día? _____

_____

_____

_____

¿Qué cambios puedo implementar para que el mañana sea mejor?

◆ _____

◆ _____

◆ _____

Mi acto de bondad al azar: _____

_____

_____

Mi mayor aprendizaje de la lectura de hoy: _____

_____

Tres cosas que sucedieron hoy por las que estoy agradecido:

◆ _____

◆ _____

◆ _____

L / M / M / J / V / S / D

_____/_____/_____

◆ Movimiento	1	2	3	4	5
◆ Leer 10 páginas	1	2	3	4	5
◆ Hidratación	1	2	3	4	5
◆ Nutrición	1	2	3	4	5
◆ Dormir	1	2	3	4	5
◆ Tiempo familiar intencional	1	2	3	4	5
◆ Acto de bondad	1	2	3	4	5

¿Cuál fue mi mayor victoria del día? _____

_____

_____

_____

¿Qué cambios puedo implementar para que el mañana sea mejor?

◆ _____

◆ _____

◆ _____

Mi acto de bondad al azar: _____

_____

_____

Mi mayor aprendizaje de la lectura de hoy: _____

_____

Tres cosas que sucedieron hoy por las que estoy agradecido:

◆ _____

◆ _____

◆ _____

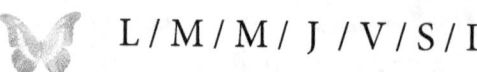

L / M / M / J / V / S / D

_____/_____/_____

"Puedo aceptar el fracaso, todos fracasan en algo. Pero no puedo aceptar no intentarlo"
—Michael Jordan

- ◆ Movimiento   1   2   3   4   5
- ◆ Leer 10 páginas   1   2   3   4   5
- ◆ Hidratación   1   2   3   4   5
- ◆ Nutrición   1   2   3   4   5
- ◆ Dormir   1   2   3   4   5
- ◆ Tiempo familiar intencional   1   2   3   4   5
- ◆ Acto de bondad   1   2   3   4   5

¿Cuál fue mi mayor victoria del día? _____

_____

_____

_____

¿Qué cambios puedo implementar para que el mañana sea mejor?

- ◆ _____
- ◆ _____
- ◆ _____

Mi acto de bondad al azar: _____

_____

_____

Mi mayor aprendizaje de la lectura de hoy: _____

_____

Tres cosas que sucedieron hoy por las que estoy agradecido:

- ◆ _____
- ◆ _____
- ◆ _____

ZONA DE CONFORT

Cuando los niños escuchan música, cantan y bailan; pero a medida que crecemos, dejamos de hacer las cosas que amamos porque nos damos cuenta de que la gente nos observa, se ríe o nos juzga.

¿Cuándo fue la última vez que estuvo muy orgulloso de usted mismo? Piense en un momento en que hizo algo tan difícil, que a pesar de que luchó, estaba avergonzado o falló antes de tener éxito, cuando lo terminó, se sintió increíble.

La última vez que hizo algo tan difícil y aterrador requirió mucha valentía de su parte, pero también estuvo dispuesto a apostar que al final, estaría muy feliz de haber tomado la decisión. Las vacaciones son divertidas, viajar es divertido, pero la felicidad pura viene después de superar sus límites y estar orgulloso de lo que ha hecho.

Durante años, me dije a mí misma que no era buena con las direcciones. Es parte de la naturaleza humana evitar contradecirnos a nosotros mismos, por eso hacemos todo lo posible para alinear nuestros comportamientos con nuestras creencias y eso me mantuvo en una zona de confort. Viajar a un destino nuevo, completamente sola me sacó de esa zona. Pasaron años antes de que pudiera reunir el valor para ir a un lugar desconocido y ahora, cada vez que me siento asustada o nerviosa, me sumerjo en ese momento porque sé lo increíble que se siente cuando vuelvo a recordar.

Todos tenemos diferentes miedos y experiencias. No puedo decirle qué le sacará de su zona de confort, sólo usted puede decidirlo, pero puedo compartirle que todos tenemos la capacidad de cambiar y crecer para convertirnos en mejores versiones de nosotros mismos, y muchas veces no lo hacemos porque estamos atrapados en esta zona.

Muchas veces nos quedamos ahí por miedo al fracaso, a perder el control, al rechazo o a sentirnos avergonzados; puede dar miedo porque siempre estamos pensando en el peor escenario posible, pero entre más salga de su zona de confort, más fácil se vuelve. Incluso si comete errores y no lo hace bien la primera vez, se convierten en experiencias y aprendizajes. No deje que su miedo a la vergüenza se vuelva más grande que su amor por ser feliz, los caminos desconocidos son los que le llevan a los mejores lugares.

- Estar cómodo sintiéndose incómodo.
- Iniciar una conversación con un completo extraño.

- Superar sus miedos.

- Intentar algo nuevo.

- Reconocer cuando empieza a poner excusas e ir en contra de ellas.

Desafíese a sí mismo de pequeñas maneras para que pueda desarrollar confianza e ir más lejos. No pierda oportunidades, experiencias de vida y crecimiento personal, la vida es demasiado corta para vivir en lo seguro ¡Levántese y baile!.

"Un barco siempre está seguro en tierra, pero no está hecho para eso"
—Albert Einstein

L / M / M / J / V / S / D

_____ / _____ / _____

"No te limites. Muchas personas se limitan a lo que creen que pueden hacer. Puedes llegar tan lejos como tu mente te lo permita. Lo que crees, lo puedes lograr"
—Mary Kay Ash

◆ Movimiento	1	2	3	4	5
◆ Leer 10 páginas	1	2	3	4	5
◆ Hidratación	1	2	3	4	5
◆ Nutrición	1	2	3	4	5
◆ Dormir	1	2	3	4	5
◆ Tiempo familiar intencional	1	2	3	4	5
◆ Acto de bondad	1	2	3	4	5

¿Cuál fue mi mayor victoria del día? _____

_____

_____

_____

¿Qué cambios puedo implementar para que el mañana sea mejor?

◆ _____

◆ _____

◆ _____

Mi acto de bondad al azar: _____

_____

_____

Mi mayor aprendizaje de la lectura de hoy: _____

_____

Tres cosas que sucedieron hoy por las que estoy agradecido:

◆ _____

◆ _____

◆ _____

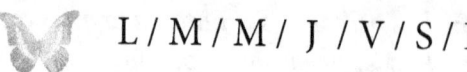 **L / M / M / J / V / S / D**

"Haz una cosa todos los días que te asuste"
—Eleanor Roosevelt

_____/_____/_____

- ◆ Movimiento   1   2   3   4   5
- ◆ Leer 10 páginas   1   2   3   4   5
- ◆ Hidratación   1   2   3   4   5
- ◆ Nutrición   1   2   3   4   5
- ◆ Dormir   1   2   3   4   5
- ◆ Tiempo familiar intencional   1   2   3   4   5
- ◆ Acto de bondad   1   2   3   4   5

¿Cuál fue mi mayor victoria del día? _____

_____

_____

_____

¿Qué cambios puedo implementar para que el mañana sea mejor?

- ◆ _____
- ◆ _____
- ◆ _____

Mi acto de bondad al azar: _____

_____

_____

Mi mayor aprendizaje de la lectura de hoy: _____

_____

Tres cosas que sucedieron hoy por las que estoy agradecido:

- ◆ _____
- ◆ _____
- ◆ _____

 **L / M / M / J / V / S / D**

*"Donde hay un ser humano,
hay una oportunidad para la bondad"
—Lucius Annaeus Seneca*

_____ / _____ / _____

◆ Movimiento	1	2	3	4	5
◆ Leer 10 páginas	1	2	3	4	5
◆ Hidratación	1	2	3	4	5
◆ Nutrición	1	2	3	4	5
◆ Dormir	1	2	3	4	5
◆ Tiempo familiar intencional	1	2	3	4	5
◆ Acto de bondad	1	2	3	4	5

¿Cuál fue mi mayor victoria del día? _____

_____

_____

_____

¿Qué cambios puedo implementar para que el mañana sea mejor?

◆ _____

◆ _____

◆ _____

Mi acto de bondad al azar: _____

_____

_____

Mi mayor aprendizaje de la lectura de hoy: _____

_____

Tres cosas que sucedieron hoy por las que estoy agradecido:

◆ _____

◆ _____

◆ _____

L / M / M / J / V / S / D

_____/_____/_____

> *"La misma agua hirviendo que ablanda la papa endurece el huevo. Es de lo que estás hecho. No la circunstancia"*
> —Anónimo

- ◆ Movimiento　　　　　　　　　1　2　3　4　5
- ◆ Leer 10 páginas　　　　　　　 1　2　3　4　5
- ◆ Hidratación　　　　　　　　　1　2　3　4　5
- ◆ Nutrición　　　　　　　　　　1　2　3　4　5
- ◆ Dormir　　　　　　　　　　　1　2　3　4　5
- ◆ Tiempo familiar intencional　 1　2　3　4　5
- ◆ Acto de bondad　　　　　　　 1　2　3　4　5

¿Cuál fue mi mayor victoria del día? _____

_____

_____

_____

¿Qué cambios puedo implementar para que el mañana sea mejor?

- ◆ _____
- ◆ _____
- ◆ _____

Mi acto de bondad al azar: _____

_____

_____

Mi mayor aprendizaje de la lectura de hoy: _____

_____

Tres cosas que sucedieron hoy por las que estoy agradecido:

- ◆ _____
- ◆ _____
- ◆ _____

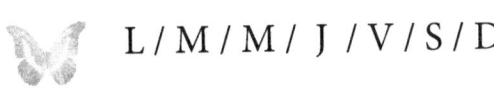 L / M / M / J / V / S / D

"Puedes experimentar el dolor de la disciplina o el dolor del arrepentimiento. La decisión es tuya"
—*Anónimo*

_____/_____/_____

◆ Movimiento	1	2	3	4	5
◆ Leer 10 páginas	1	2	3	4	5
◆ Hidratación	1	2	3	4	5
◆ Nutrición	1	2	3	4	5
◆ Dormir	1	2	3	4	5
◆ Tiempo familiar intencional	1	2	3	4	5
◆ Acto de bondad	1	2	3	4	5

¿Cuál fue mi mayor victoria del día? _____
_____
_____
_____

¿Qué cambios puedo implementar para que el mañana sea mejor?

◆ _____

◆ _____

◆ _____

Mi acto de bondad al azar: _____
_____
_____

Mi mayor aprendizaje de la lectura de hoy: _____
_____

Tres cosas que sucedieron hoy por las que estoy agradecido:

◆ _____

◆ _____

◆ _____

L / M / M / J / V / S / D

_____/_____/_____

- Movimiento   1   2   3   4   5
- Leer 10 páginas   1   2   3   4   5
- Hidratación   1   2   3   4   5
- Nutrición   1   2   3   4   5
- Dormir   1   2   3   4   5
- Tiempo familiar intencional   1   2   3   4   5
- Acto de bondad   1   2   3   4   5

¿Cuál fue mi mayor victoria del día? _____

_____

_____

_____

¿Qué cambios puedo implementar para que el mañana sea mejor?

- _____

- _____

- _____

Mi acto de bondad al azar: _____

_____

_____

Mi mayor aprendizaje de la lectura de hoy: _____

_____

Tres cosas que sucedieron hoy por las que estoy agradecido:

- _____

- _____

- _____

"Tenemos que aceptar que no siempre tomaremos las decisiones correctas, que a veces nos equivocaremos, entendiendo que el fracaso no es lo contrario del éxito. Es parte del éxito".
—*Arianna Huffington*

- ◆ Movimiento   1   2   3   4   5
- ◆ Leer 10 páginas   1   2   3   4   5
- ◆ Hidratación   1   2   3   4   5
- ◆ Nutrición   1   2   3   4   5
- ◆ Dormir   1   2   3   4   5
- ◆ Tiempo familiar intencional   1   2   3   4   5
- ◆ Acto de bondad   1   2   3   4   5

¿Cuál fue mi mayor victoria del día? _____

_____

_____

_____

¿Qué cambios puedo implementar para que el mañana sea mejor?

- ◆ _____
- ◆ _____
- ◆ _____

Mi acto de bondad al azar: _____

_____

_____

Mi mayor aprendizaje de la lectura de hoy: _____

_____

Tres cosas que sucedieron hoy por las que estoy agradecido:

- ◆ _____
- ◆ _____
- ◆ _____

IMPULSO

Cuando un objeto se mueve y tiene peso, tiene impulso, lo mismo puede decirse de nosotros cuando nos mantenemos constantes. El impulso está en casi cualquier actividad que involucre movimiento, cuando tiene mucho impulso, le costará un poco detenerse y cuando tiene el impulso de su lado, puede dirigirlo en cualquier dirección.

Cada vez que he tenido impulso con mi salud, también lo he tenido en mi negocio, cuando lo he tenido en mi negocio, también lo he tenido en mi vida personal; puede dirigir ese impulso en cualquier dirección que desee, puede ser contagioso en otras áreas, pero hay que tomar el control. Eso lo hacemos encontrando los principios que han funcionado en un área y aplicándolos a otras áreas de nuestra vida.

Comience con un pequeño paso

- Haga su cama todas las mañanas.
- Rodéese de personas que quieran verlo triunfar.
- Manténgase enfocado en la meta.
- Esfuércese más en los días difíciles.
- No pospongas un nuevo hábito por más de dos días seguidos.
- 15 minutos es mejor que nada.
- Concéntrese en un problema a la vez.
- Celebre sus pequeñas victorias.

La clave para generar impulso es fácil, solo tiene que seguir moviéndose. Hay una cosa que es más difícil que comenzar, y eso es reiniciar. En los días difíciles, haga lo mejor que pueda para mantener el impulso, incluso si no fue su mejor entrenamiento, hágalo de todos modos. Si falla en su alimentación para el desayuno, hágalo mejor en la cena. Elija estar agradecido por lo que ha hecho bien y aprecie el momento en el que se encuentre. Haga lo que haga, ¡siga adelante!.

"Nada puede detener un tren que va a toda velocidad,
pero un bloque puede impedir que se mueva cuando está parado"
—*James Clear*

 L / M / M / J / V / S / D

_____/_____/_____

- Movimiento   1   2   3   4   5
- Leer 10 páginas   1   2   3   4   5
- Hidratación   1   2   3   4   5
- Nutrición   1   2   3   4   5
- Dormir   1   2   3   4   5
- Tiempo familiar intencional   1   2   3   4   5
- Acto de bondad   1   2   3   4   5

¿Cuál fue mi mayor victoria del día? _____

_____

_____

_____

¿Qué cambios puedo implementar para que el mañana sea mejor?

- _____

- _____

- _____

Mi acto de bondad al azar: _____

_____

_____

Mi mayor aprendizaje de la lectura de hoy: _____

_____

Tres cosas que sucedieron hoy por las que estoy agradecido:

- _____

- _____

- _____

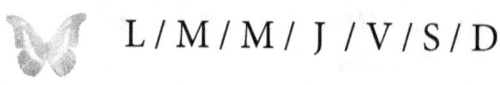

L / M / M / J / V / S / D

_____/_____/_____

"Tienes que levantarte cada mañana con determinación si te vas a acostar satisfecho"
—George Lorimer

◆ Movimiento	1	2	3	4	5
◆ Leer 10 páginas	1	2	3	4	5
◆ Hidratación	1	2	3	4	5
◆ Nutrición	1	2	3	4	5
◆ Dormir	1	2	3	4	5
◆ Tiempo familiar intencional	1	2	3	4	5
◆ Acto de bondad	1	2	3	4	5

¿Cuál fue mi mayor victoria del día? _____

_____

_____

_____

¿Qué cambios puedo implementar para que el mañana sea mejor?

◆ _____

◆ _____

◆ _____

Mi acto de bondad al azar: _____

_____

_____

Mi mayor aprendizaje de la lectura de hoy: _____

_____

Tres cosas que sucedieron hoy por las que estoy agradecido:

◆ _____

◆ _____

◆ _____

 L / M / M / J / V / S / D

"Para estar mañana en la memoria de tus hijos, tienes que estar en sus vidas hoy"
—Barbara Johnson

_____/_____/_____

◆ Movimiento	1	2	3	4	5
◆ Leer 10 páginas	1	2	3	4	5
◆ Hidratación	1	2	3	4	5
◆ Nutrición	1	2	3	4	5
◆ Dormir	1	2	3	4	5
◆ Tiempo familiar intencional	1	2	3	4	5
◆ Acto de bondad	1	2	3	4	5

¿Cuál fue mi mayor victoria del día? _____

_____

_____

_____

¿Qué cambios puedo implementar para que el mañana sea mejor?

◆ _____

◆ _____

◆ _____

Mi acto de bondad al azar: _____

_____

_____

Mi mayor aprendizaje de la lectura de hoy: _____

_____

Tres cosas que sucedieron hoy por las que estoy agradecido:

◆ _____

◆ _____

◆ _____

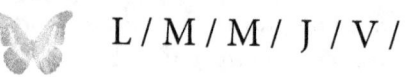 L / M / M / J / V / S / D

"La amabilidad comienza con la comprensión de que todos luchamos"
—*Charles Glassman*

_____/_____/_____

◆ Movimiento	1	2	3	4	5
◆ Leer 10 páginas	1	2	3	4	5
◆ Hidratación	1	2	3	4	5
◆ Nutrición	1	2	3	4	5
◆ Dormir	1	2	3	4	5
◆ Tiempo familiar intencional	1	2	3	4	5
◆ Acto de bondad	1	2	3	4	5

¿Cuál fue mi mayor victoria del día? _____

_____

_____

_____

¿Qué cambios puedo implementar para que el mañana sea mejor?

◆ _____

◆ _____

◆ _____

Mi acto de bondad al azar: _____

_____

_____

Mi mayor aprendizaje de la lectura de hoy: _____

_____

Tres cosas que sucedieron hoy por las que estoy agradecido:

◆ _____

◆ _____

◆ _____

L / M / M / J / V / S / D

_____/_____/_____

◆ Movimiento	1	2	3	4	5
◆ Leer 10 páginas	1	2	3	4	5
◆ Hidratación	1	2	3	4	5
◆ Nutrición	1	2	3	4	5
◆ Dormir	1	2	3	4	5
◆ Tiempo familiar intencional	1	2	3	4	5
◆ Acto de bondad	1	2	3	4	5

¿Cuál fue mi mayor victoria del día? _____

_____

_____

_____

¿Qué cambios puedo implementar para que el mañana sea mejor?

◆ _____

◆ _____

◆ _____

Mi acto de bondad al azar: _____

_____

_____

Mi mayor aprendizaje de la lectura de hoy: _____

_____

Tres cosas que sucedieron hoy por las que estoy agradecido:

◆ _____

◆ _____

◆ _____

L / M / M / J / V / S / D

_____/_____/_____

"No digas que no tienes tiempo. Tienes la misma cantidad de horas por día que le dieron a Helen Keller, Miguel Ángel, la Madre Teresa, Thomas Jefferson y Albert Einstein"
—Jackson Brown

- ◆ Movimiento   1   2   3   4   5
- ◆ Leer 10 páginas   1   2   3   4   5
- ◆ Hidratación   1   2   3   4   5
- ◆ Nutrición   1   2   3   4   5
- ◆ Dormir   1   2   3   4   5
- ◆ Tiempo familiar intencional   1   2   3   4   5
- ◆ Acto de bondad   1   2   3   4   5

¿Cuál fue mi mayor victoria del día? _____

_____

_____

_____

¿Qué cambios puedo implementar para que el mañana sea mejor?

- ◆ _____
- ◆ _____
- ◆ _____

Mi acto de bondad al azar: _____

_____

_____

Mi mayor aprendizaje de la lectura de hoy: _____

_____

Tres cosas que sucedieron hoy por las que estoy agradecido:

- ◆ _____
- ◆ _____
- ◆ _____

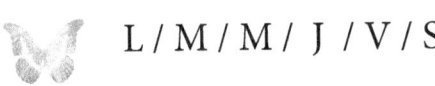 **L / M / M / J / V / S / D**

"En cualquier momento tienes el poder de decir:
Así no va a terminar esta historia"
—*Anónimo*

_____ / _____ / _____

◆ Movimiento	1	2	3	4	5
◆ Leer 10 páginas	1	2	3	4	5
◆ Hidratación	1	2	3	4	5
◆ Nutrición	1	2	3	4	5
◆ Dormir	1	2	3	4	5
◆ Tiempo familiar intencional	1	2	3	4	5
◆ Acto de bondad	1	2	3	4	5

¿Cuál fue mi mayor victoria del día? _____

_____

_____

_____

¿Qué cambios puedo implementar para que el mañana sea mejor?

◆ _____

◆ _____

◆ _____

Mi acto de bondad al azar: _____

_____

_____

Mi mayor aprendizaje de la lectura de hoy: _____

_____

Tres cosas que sucedieron hoy por las que estoy agradecido:

◆ _____

◆ _____

◆ _____

EL DÍA QUE PLANTAMOS LA SEMILLA

"El día que plantamos la semilla no es el día que comemos el fruto"
—*Fabienne Fredrickson*

Crecer es un proceso de pruebas y errores, y no debemos esperar resultados instantáneos. Tenemos que trabajar por ello, día a día, incluso en los días que no queremos; un día cosecharemos los beneficios de todos los sacrificios que hemos hecho, tenemos que darle tiempo al progreso para que crezca manteniéndonos constantes. No llegaste a donde estás de la noche a la mañana, fueron meses o años de emociones negativas, falta de sueño y no cuidarse. Al tratar de hacer felices a todos, ¿descuidó por completo sus necesidades?.

Es fácil olvidar que las cosas toman tiempo, vivimos en un mundo Amazon Prime, hacemos un seguimiento de nuestros paquetes y nos molestamos cuando la entrega se retrasa. Observamos con ansiedad cómo pasan los segundos cuando estamos cocinando nuestras comidas en el microondas, nos frustramos cuando nuestro Internet tarda demasiado en cargar, somos impacientes cuando estamos esperando en línea para pedir el café, todo está literalmente en la palma de nuestras manos en cuanto presionamos el botón enviar. No nos sorprende que queramos que nuestro peso cambie en la balanza después de una comida saludable, o que nos sintamos positivos después de leer un libro.

Así no es como funciona el crecimiento, para ver cambios hay que darle tiempo. La mayoría de la gente se da por vencida justo antes de que lleguen los resultados, ¡no sea de ese tipo de personas!. Tomará tiempo y disciplina antes de que pueda ver los cambios, pero una vez que los vea, no habrá nada que lo detenga. Sea paciente, la transformación comienza primero por dentro.

- No se acostumbre a pesarse con frecuencia. El número en la escala cambia dependiendo del día, el músculo pesa más que la grasa y la retención de agua puede hacer que su peso suba rápidamente. Supervise su progreso por cómo se siente y cómo le queda la ropa.

- Tome fotografías antes de empezar. Estoy agradecida de tener fotos para mirar hacia atrás; las fotos de antes y después muestran transformaciones increíbles, son importantes para mostrar los resultados y el progreso a lo largo del tiempo, es un punto de partida honesto que puede ayudarlo a mantenerse constante.

- Una ensalada no lo hará más delgado, al igual que una porción de pizza no lo hará más gordo. Recuerde que lo más importante es lo que hacemos la mayor parte del tiempo; celebrar un cumpleaños con un pedazo de pastel no le va a matar. Si sabe que se acerca un evento especial, trate de hacerlo mejor con las comidas previas.

Las frutas y verduras tardan diferentes tiempos en crecer. Los rábanos crecerán en 21 días, mientras que la piña podría tardar más de dos años. No compare su crecimiento con el de otros, todos crecemos y cambiamos a ritmos diferentes.

"La paciencia no es la capacidad de esperar, sino la capacidad
de mantener una buena actitud mientras esperas"
—Joyce Meyer

L / M / M / J / V / S / D

_____ / _____ / _____

"En algún momento, cuando estás en un lugar oscuro, y crees que te han enterrado, en realidad te han plantado"
—Christine Caine

- ◆ Movimiento   1   2   3   4   5
- ◆ Leer 10 páginas   1   2   3   4   5
- ◆ Hidratación   1   2   3   4   5
- ◆ Nutrición   1   2   3   4   5
- ◆ Dormir   1   2   3   4   5
- ◆ Tiempo familiar intencional   1   2   3   4   5
- ◆ Acto de bondad   1   2   3   4   5

¿Cuál fue mi mayor victoria del día? _____

_____

_____

_____

¿Qué cambios puedo implementar para que el mañana sea mejor?

- ◆ _____
- ◆ _____
- ◆ _____

Mi acto de bondad al azar: _____

_____

_____

Mi mayor aprendizaje de la lectura de hoy: _____

_____

Tres cosas que sucedieron hoy por las que estoy agradecido:

- ◆ _____
- ◆ _____
- ◆ _____

 L / M / M / J / V / S / D

"Cada vez que dudes de lo lejos que puedes llegar,
recuerda lo lejos que ya has llegado"
—*Anónimo*

_____ / _____ / _____

- ◆ Movimiento   1   2   3   4   5
- ◆ Leer 10 páginas   1   2   3   4   5
- ◆ Hidratación   1   2   3   4   5
- ◆ Nutrición   1   2   3   4   5
- ◆ Dormir   1   2   3   4   5
- ◆ Tiempo familiar intencional   1   2   3   4   5
- ◆ Acto de bondad   1   2   3   4   5

¿Cuál fue mi mayor victoria del día? _____

_____

_____

_____

¿Qué cambios puedo implementar para que el mañana sea mejor?

- ◆ _____
- ◆ _____
- ◆ _____

Mi acto de bondad al azar: _____

_____

_____

Mi mayor aprendizaje de la lectura de hoy: _____

_____

Tres cosas que sucedieron hoy por las que estoy agradecido:

- ◆ _____
- ◆ _____
- ◆ _____

L / M / M / J / V / S / D

_____/_____/_____

- Movimiento   1   2   3   4   5
- Leer 10 páginas   1   2   3   4   5
- Hidratación   1   2   3   4   5
- Nutrición   1   2   3   4   5
- Dormir   1   2   3   4   5
- Tiempo familiar intencional   1   2   3   4   5
- Acto de bondad   1   2   3   4   5

¿Cuál fue mi mayor victoria del día? _____

_____

_____

_____

¿Qué cambios puedo implementar para que el mañana sea mejor?

- _____
- _____
- _____

Mi acto de bondad al azar: _____

_____

_____

Mi mayor aprendizaje de la lectura de hoy: _____

_____

Tres cosas que sucedieron hoy por las que estoy agradecido:

- _____
- _____
- _____

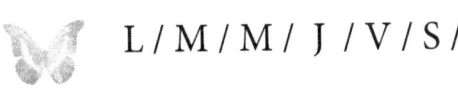

L / M / M / J / V / S / D

_____/_____/_____

"Amabilidad en palabras crea confianza.
La amabilidad en el pensamiento crea profundidad.
La bondad de dar crea amor"
—Lao Tzu

◆ Movimiento	1	2	3	4	5
◆ Leer 10 páginas	1	2	3	4	5
◆ Hidratación	1	2	3	4	5
◆ Nutrición	1	2	3	4	5
◆ Dormir	1	2	3	4	5
◆ Tiempo familiar intencional	1	2	3	4	5
◆ Acto de bondad	1	2	3	4	5

¿Cuál fue mi mayor victoria del día? _____

_____

_____

_____

¿Qué cambios puedo implementar para que el mañana sea mejor?

◆ _____

◆ _____

◆ _____

Mi acto de bondad al azar: _____

_____

_____

Mi mayor aprendizaje de la lectura de hoy: _____

_____

Tres cosas que sucedieron hoy por las que estoy agradecido:

◆ _____

◆ _____

◆ _____

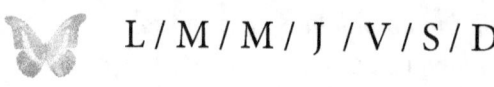 L / M / M / J / V / S / D

"Si no puedes hacer nada al respecto, déjalo ir.
No seas prisionero de las cosas que no puedes cambiar"
—Tony Gaskins

_____/_____/_____

◆ Movimiento	1	2	3	4	5
◆ Leer 10 páginas	1	2	3	4	5
◆ Hidratación	1	2	3	4	5
◆ Nutrición	1	2	3	4	5
◆ Dormir	1	2	3	4	5
◆ Tiempo familiar intencional	1	2	3	4	5
◆ Acto de bondad	1	2	3	4	5

¿Cuál fue mi mayor victoria del día? _____

_____

_____

_____

¿Qué cambios puedo implementar para que el mañana sea mejor?

◆ _____

◆ _____

◆ _____

Mi acto de bondad al azar: _____

_____

_____

Mi mayor aprendizaje de la lectura de hoy: _____

_____

Tres cosas que sucedieron hoy por las que estoy agradecido:

◆ _____

◆ _____

◆ _____

L / M / M / J / V / S / D

"No puedes volver atrás y cambiar el principio, pero puedes empezar donde estás y cambiar el final"
—C. S. Lewis

_____/_____/_____

◆ Movimiento	1	2	3	4	5
◆ Leer 10 páginas	1	2	3	4	5
◆ Hidratación	1	2	3	4	5
◆ Nutrición	1	2	3	4	5
◆ Dormir	1	2	3	4	5
◆ Tiempo familiar intencional	1	2	3	4	5
◆ Acto de bondad	1	2	3	4	5

¿Cuál fue mi mayor victoria del día? _____

_____

_____

_____

¿Qué cambios puedo implementar para que el mañana sea mejor?

◆ _____

◆ _____

◆ _____

Mi acto de bondad al azar: _____

_____

_____

Mi mayor aprendizaje de la lectura de hoy: _____

_____

Tres cosas que sucedieron hoy por las que estoy agradecido:

◆ _____

◆ _____

◆ _____

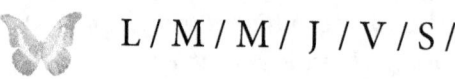 **L / M / M / J / V / S / D**

"Elijo hacer del resto de mi vida, lo mejor de mi vida"
—Louise Hay

_____/_____/_____

◆ Movimiento	1	2	3	4	5
◆ Leer 10 páginas	1	2	3	4	5
◆ Hidratación	1	2	3	4	5
◆ Nutrición	1	2	3	4	5
◆ Dormir	1	2	3	4	5
◆ Tiempo familiar intencional	1	2	3	4	5
◆ Acto de bondad	1	2	3	4	5

¿Cuál fue mi mayor victoria del día? _____

_____

_____

_____

¿Qué cambios puedo implementar para que el mañana sea mejor?

◆ _____

◆ _____

◆ _____

Mi acto de bondad al azar: _____

_____

_____

Mi mayor aprendizaje de la lectura de hoy: _____

_____

Tres cosas que sucedieron hoy por las que estoy agradecido:

◆ _____

◆ _____

◆ _____

ADAPTAR SU AMBIENTE

El estrés es parte de la vida, no siempre puede controlar sus circunstancias, pero definitivamente puede controlar cómo responde a ellas. A lo largo de los años he aprendido mucho sobre cómo hacer cambios significativos en mi vida, la decisión más difícil es la que me ha traído más felicidad.

Aprendí a adaptar mi ambiente y me cambió la vida por completo, eso significaba eliminar la negatividad que se interponía en mi camino. Una vez que comencé mi cambio de vida, me di cuenta de que había crecido más allá del lugar donde trabajaba. Finalmente reuní el valor suficiente para dejar mi trabajo de 19 años. Antes de tomar la decisión de irme, me despertaba feliz todas las mañanas, hacía ejercicio, practicaba la gratitud, trabajaba en mi desarrollo personal y llegaba felizmente al trabajo. Mi viaje de 8 minutos fue muy tranquilo y relajante porque mis días habían tenido un gran comienzo.

Desafortunadamente, mi felicidad no duró mucho, estaba en un ambiente negativo y por mucho que traté de combatirlo, tenían la capacidad de contagiarme. La esposa y mamá tranquila que llegaba al trabajo todas las mañanas no era la misma persona que llegaba a casa al final del día. No fue justo para mi familia que diera lo mejor de mí a los demás y cuando llegaba a casa, estaba enojada y emocionalmente agotada. Desde el otro lado de tomar esa difícil decisión, puedo decir que a veces, hacer las cosas que dan miedo le lleva a un lugar más feliz y satisfactorio.

Prepare su ambiente para que no tenga excusas:

- Elimine la negatividad de su vida y rodéese de personas positivas e inspiradoras.
- El hecho de que siempre haya realizado las cosas de cierta manera no significa que no pueda hacerlas de manera diferente.
- Prepare su ropa y zapatos deportivos la noche anterior y elimine las excusas.
- Planifique sus comidas con anticipación para evitar la comida rápida.
- Organice y limpie su casa todas las noches para despertarse de mejor humor la mañana siguiente.
- Ponga bocadillos saludables en la barra de su cocina, porque es más probable que los coma si están a la vista.

- Cree un calendario en una pizarra blanca para su familia, estar sincronizado con su horario ayuda a mantener la paz en el hogar.
- Llene su botella con agua cada noche, cualquier cosa que pueda hacer con anticipación ayudará a que sus mañanas sean más tranquilas.

Nuestro ambiente y las relaciones son factores importantes en un estilo de vida saludable y equilibrado, debe seguir hábitos que le ayuden a ser quien quiere ser. ¡Prepare su ambiente para el éxito!.

L / M / M / J / V / S / D

_____/_____/_____

- ◆ Movimiento   1   2   3   4   5
- ◆ Leer 10 páginas   1   2   3   4   5
- ◆ Hidratación   1   2   3   4   5
- ◆ Nutrición   1   2   3   4   5
- ◆ Dormir   1   2   3   4   5
- ◆ Tiempo familiar intencional   1   2   3   4   5
- ◆ Acto de bondad   1   2   3   4   5

¿Cuál fue mi mayor victoria del día? _____

_____

_____

_____

¿Qué cambios puedo implementar para que el mañana sea mejor?

- ◆ _____

- ◆ _____

- ◆ _____

Mi acto de bondad al azar: _____

_____

_____

Mi mayor aprendizaje de la lectura de hoy: _____

_____

Tres cosas que sucedieron hoy por las que estoy agradecido:

- ◆ _____

- ◆ _____

- ◆ _____

L / M / M / J / V / S / D

_____/_____/_____

◆ Movimiento	1	2	3	4	5
◆ Leer 10 páginas	1	2	3	4	5
◆ Hidratación	1	2	3	4	5
◆ Nutrición	1	2	3	4	5
◆ Dormir	1	2	3	4	5
◆ Tiempo familiar intencional	1	2	3	4	5
◆ Acto de bondad	1	2	3	4	5

¿Cuál fue mi mayor victoria del día? _____

_____

_____

_____

¿Qué cambios puedo implementar para que el mañana sea mejor?

◆ _____

◆ _____

◆ _____

Mi acto de bondad al azar: _____

_____

_____

Mi mayor aprendizaje de la lectura de hoy: _____

_____

Tres cosas que sucedieron hoy por las que estoy agradecido:

◆ _____

◆ _____

◆ _____

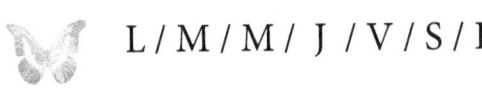 L / M / M / J / V / S / D

_____ / _____ / _____

*"El amor y la compasión son necesidades, no lujos.
La humanidad no puede sobrevivir sin ello"*
—Dalai Lama

- ◆ Movimiento   1   2   3   4   5
- ◆ Leer 10 páginas   1   2   3   4   5
- ◆ Hidratación   1   2   3   4   5
- ◆ Nutrición   1   2   3   4   5
- ◆ Dormir   1   2   3   4   5
- ◆ Tiempo familiar intencional   1   2   3   4   5
- ◆ Acto de bondad   1   2   3   4   5

¿Cuál fue mi mayor victoria del día? _____

_____

_____

_____

¿Qué cambios puedo implementar para que el mañana sea mejor?

- ◆ _____

- ◆ _____

- ◆ _____

Mi acto de bondad al azar: _____

_____

_____

Mi mayor aprendizaje de la lectura de hoy: _____

_____

Tres cosas que sucedieron hoy por las que estoy agradecido:

- ◆ _____

- ◆ _____

- ◆ _____

L / M / M / J / V / S / D

_____/_____/_____

*"Los grandes elementos esenciales de la felicidad son:
Algo que hacer, algo que amar y algo que esperar"*
—Allan K. Chalmers

- ◆ Movimiento   1   2   3   4   5
- ◆ Leer 10 páginas   1   2   3   4   5
- ◆ Hidratación   1   2   3   4   5
- ◆ Nutrición   1   2   3   4   5
- ◆ Dormir   1   2   3   4   5
- ◆ Tiempo familiar intencional   1   2   3   4   5
- ◆ Acto de bondad   1   2   3   4   5

¿Cuál fue mi mayor victoria del día? _____
_____
_____
_____

¿Qué cambios puedo implementar para que el mañana sea mejor?

- ◆ _____
- ◆ _____
- ◆ _____

Mi acto de bondad al azar: _____
_____
_____

Mi mayor aprendizaje de la lectura de hoy: _____
_____

Tres cosas que sucedieron hoy por las que estoy agradecido:

- ◆ _____
- ◆ _____
- ◆ _____

L / M / M / J / V / S / D

"La mente tiene exactamente el mismo poder que las manos: no solo para agarrar el mundo, sino para cambiarlo"
—*Colin Wilson*

_____/_____/_____

◆ Movimiento	1	2	3	4	5
◆ Leer 10 páginas	1	2	3	4	5
◆ Hidratación	1	2	3	4	5
◆ Nutrición	1	2	3	4	5
◆ Dormir	1	2	3	4	5
◆ Tiempo familiar intencional	1	2	3	4	5
◆ Acto de bondad	1	2	3	4	5

¿Cuál fue mi mayor victoria del día? _____

_____

_____

_____

¿Qué cambios puedo implementar para que el mañana sea mejor?

◆ _____

◆ _____

◆ _____

Mi acto de bondad al azar: _____

_____

_____

Mi mayor aprendizaje de la lectura de hoy: _____

_____

Tres cosas que sucedieron hoy por las que estoy agradecido:

◆ _____

◆ _____

◆ _____

L / M / M / J / V / S / D

_____/_____/_____

- Movimiento   1   2   3   4   5
- Leer 10 páginas   1   2   3   4   5
- Hidratación   1   2   3   4   5
- Nutrición   1   2   3   4   5
- Dormir   1   2   3   4   5
- Tiempo familiar intencional   1   2   3   4   5
- Acto de bondad   1   2   3   4   5

¿Cuál fue mi mayor victoria del día? _____

_____

_____

_____

¿Qué cambios puedo implementar para que el mañana sea mejor?

- _____
- _____
- _____

Mi acto de bondad al azar: _____

_____

_____

Mi mayor aprendizaje de la lectura de hoy: _____

_____

Tres cosas que sucedieron hoy por las que estoy agradecido:

- _____
- _____
- _____

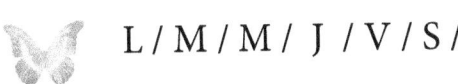 L / M / M / J / V / S / D

_____ / _____ / _____

- Movimiento   1   2   3   4   5
- Leer 10 páginas   1   2   3   4   5
- Hidratación   1   2   3   4   5
- Nutrición   1   2   3   4   5
- Dormir   1   2   3   4   5
- Tiempo familiar intencional   1   2   3   4   5
- Acto de bondad   1   2   3   4   5

¿Cuál fue mi mayor victoria del día? _____

_____

_____

_____

¿Qué cambios puedo implementar para que el mañana sea mejor?

- _____

- _____

- _____

Mi acto de bondad al azar: _____

_____

_____

Mi mayor aprendizaje de la lectura de hoy: _____

_____

Tres cosas que sucedieron hoy por las que estoy agradecido:

- _____

- _____

- _____

¡FELICIDADES POR ELEGIRSE!

Diseñé este diario para ser un desafío de 70 días. No porque sea la cantidad perfecta para ver cambios significativos, sino porque necesitamos plazos para mantenernos responsables. Sin tener un marco de tiempo, analizaremos las cosas y las pospondremos con la mentalidad de "Lo haré algún día". ¡La urgencia crea el enfoque!

Cada vez que tenemos éxito en algo, dejamos de hacer las cosas que nos llevaron allí, poco a poco comenzamos a cambiar nuestros hábitos y rápidamente terminamos justo donde empezamos. Nos saltamos un entrenamiento, luego dos o hasta diez, y hace difícil volver a empezar. Olvidamos practicar la gratitud y trabajar en nuestro crecimiento personal, hasta que un día nos damos cuenta de que volvemos a pensar negativamente otra vez.

No quiero decir que nunca debas disfrutar la pizza, el helado y el pastel, o que nunca debas tener un día libre; lo que estoy diciendo es que siga siendo constante, coma con moderación, siga moviendo su cuerpo y continúe alimentando su mente. Probablemente han sido 70 días, trabajando intensamente, dándolo todo, continúe haciendo las cosas que lo trajeron hasta aquí, vuelva a visitar este diario, comience uno nuevo y no pierda todo su progreso retrocediendo.

Este no es el final: Es el comienzo de algo increíble. No llegue a la meta y olvide todo lo que aprendió en el camino. Ahora es el momento de continuar implementando todos estos nuevos hábitos y hacerlos parte de quien es.

Usted es el mejor proyecto en el que trabajará.
¡Vaya y cree magia!

AGRADECIMIENTOS

Quien soy hoy, no podría haber sido posible sin las personas excepcionales con las que tengo el privilegio de vivir mi vida. Mi esposo de 18 años, Frazier Godinez, quien es mi mayor apoyo: Estoy muy agradecida por su amor, su aura tranquila y su creencia en mi capacidad para hacer cosas que nunca imaginé.

Gracias a nuestros tres hijos, Alana, Julian y Leila, por su amoroso apoyo mientras vivo esta vida y su paciencia inquebrantable mientras encuentro mi lugar en ella. Ellos son la razón por la que me desafío a mí misma y me arriesgo a la posibilidad de fallar y avergonzarme, mientras trato de hacer un pequeño impacto en sus vidas.

Un agradecimiento especial a mis padres, Guadalupe y Rebeca Barajas por traerme a este mundo, guiarme, amarme incondicionalmente y transmitirme sus mejores cualidades. A mis dos hermanos, Jaime Barajas y Joey Barajas, gracias por caminar a mi lado en cada paso de mi vida y también por levantarme y darme seguridad cada vez que me tropiezo. A mis hermanas Carly Godinez, Jillian Barajas y Sarah De La Rosa por su aliento y apoyo en mis días buenos y más aún en mis días malos, cuando lo necesito desesperadamente.

Mis primas, Joanna Barajas, Rosanna Barajas, Guadalupe Arevalo y Leticia Alcaraz, les agradezco por siempre celebrar mis pequeñas victorias, además por su propia fuerza y perseverancia que me inspiran a seguir adelante. A mis sobrinas, sobrinos, ahijadas y ahijados quienes me convirtieron en una tía y madrina, y en ese momento sembraron en mí el deseo de convertirme en una mejor versión de mí misma.

A mis entrenadores, Marc y Teresa Hildebrand, por creer en mí antes de que pudiera reunir el valor para creer en mí misma, gracias por dejarme volar bajo sus alas y por enseñarme lo que realmente significa ser un líder.

Un agradecimiento especial para Fernando García Barajas y Samantha Urtiz Rivera por ayudarme a editar mi manuscrito en español y hacer posible la publicación de una versión que mi familia pueda leer. Mi edición en español está dedicada a mi mamá y papá, mi nana, mi abuelita, mis tías y tíos, y a todos ustedes que responden mejor en el idioma que habla su corazón.

Me llena de tanta gratitud cuando pienso en mi enorme familia, mis amigos y grupos de mentalidad y crecimientos. Gracias por apoyarme a lo largo de todo mi camino, es gracias a ustedes que me levanto todos los días sintiéndome tan inspirada para marcar la diferencia. ¡Soy increíblemente bendecida!

ACERCA DE LA AUTORA

Después de luchar durante más de una década contra la depresión, el insomnio, el sobrepeso y la baja autoestima, Patty Barajas Godinez finalmente descubrió cómo vivir su vida con más propósito, aprendiendo a recoger las piezas y reconstruirse a sí misma.

Cuando Patty descubrió los hábitos saludables que funcionaron para ella, los organizó en su propio diario, y se dio cuenta de que podría ayudar a otras personas que luchan con los mismos desafíos. A Patty le encanta ver a las personas crecer y mejorar, y sintió que sería egoísta no compartir con el mundo lo que le funcionó tan bien.

Hace varios años, Patty creó un equipo de apoyo con mentalidad de crecimiento donde inspira a otros a tomar medidas y vivir su mejor vida. Ha ayudado a cientos de mujeres que luchan con agendas saturadas, ofreciéndoles apoyo, responsabilidad y dirección. También está certificada como entrenadora nutricional de Ultimate Portion Fix.

Patty ha estado preparando comidas saludables durante 10 años para su familia. En 2021, después de recibir solicitudes de sus comidas, fundó un negocio local de preparación de comidas saludables llamada Blooming Meal Preps.

Patty vive en Castaic, California, con su esposo, sus tres hijos y su gran familia.

Sigue Adelante, Continúa Creciendo también está disponible en inglés, *Keep Going, Keep Growing*.

Para obtener más información, siga la historia de Patty en Instagram @pbgodinez.